CHROMEBO ⊃Κ
SENIOREN

ERSTE SCHRITTE MIT CHROME OS

RIDICULOUSLY
SIMPLE BOOKS

ANAHEIM, CALIFORNIA

Inhaltsverzeichnis

Anmerkung: *Bitte beachten Sie, dass keine Mühen gespart wurden um sicher zu stellen, dass alle Angeben richtig sind, wobei dieses Buch aber nicht offiziell von Google unterstützt wird und daher als inoffiziell betrachtet werden sollte..*

EINLEITUNG

Chromebooks sind perfekt für Senioren geeignet. Hoffentlich befinden Sie sich an einem Punkt in Ihrem Leben, an dem Ihnen das Internet weiterhilft, Sie es aber nicht dringend benötigen.

Sie benötigen keinen leistungsstarken Computer, auf dem 200 Tabellenkalkulationen gleichzeitig ausgeführt oder ein Film angesehen werden können, während außerdem 100 andere Apps geöffnet sind!

Sie möchten nur einen Computer, mit dem Sie Ihre Angelegenheiten im Blick behalten und möglicherweise einen Film oder einen Stream anschauen können. In einem Wort: Sie brauchen etwas Unkompliziertes.

Wenn das nach Ihnen klingt, müssen Sie nur herausfinden, wie Sie ein Chromebook richtig verwenden!

Wenn Sie jemals das Internet genutzt haben, ist dieser Teil zum Glück ziemlich einfach geschafft.

Dieses Buch geht mit Ihnen zügig alles durch, was Sie wissen müssen, sodass Sie dann sofort loslegen können.

Sind Sie soweit? Dann kann es losgehen!

[1]

ERZÄHLEN SIE MIR MEHR ÜBER DIE ZUGÄNGLICHKEIT

Dieses Kapitel beschreibt:
- Wie Sie Chrome einfacher sehen, hören und benutzen können

Zugänglichkeitsfunktionen

Wir werden die Dinge ein wenig rückwärts angehen. Normalerweise beginne ich diese Bücher mit einem Crash-Kurs zu allen Funktionen, aber für dieses Buch werde ich zuerst die Barrierefreiheitsfunktionen hervorheben. Eingabehilfen verbessern die Benutzererfahrung für Anwender, die möglicherweise Probleme beim Sehen und Hören haben, oder einfach nicht wissen, wie sensibel die Maus ist.

Warum?

Weil es viele Funktionen gibt, die Ihnen beim Lernen hilfreich sein können, z. B. Text zu Sprache.

Google Mail ist offensichtlich etwas, auf das Sie online zugreifen. Dies bedeutet, dass Sie jeden Browser verwenden können, ganz wie Sie möchten. Chrome-Browser? Das geht. Safari? Ja! Oper? Geht auch! Irgendeinen

Öffnen Sie Chrome, um zu beginnen.

Klicken Sie dazu einfach auf dieses Symbol unten auf Ihrem Bildschirm:

Wenn es geöffnet ist, schauen Sie auf die rechte Seite unterhalb des X. Sehen Sie die drei Punkte? Klicken Sie darauf.

Daraufhin wird ein Dropdown-Menü angezeigt. Sie sollten ganz nach unten zur Option "Einstellungen" gehen. Klicken Sie darauf, wenn Sie dort ankommen.

	Edit		Cut	Copy	Paste
	Settings				

Dies öffnet das Einstellungsmenü. Was Sie wollen, sind die drei Zeilen auf der linken Seite. Wenn Sie darauf klicken, wird ein weiteres Menü angezeigt.

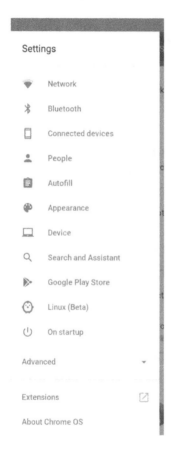

Gehen Sie ganz nach unten und klicken Sie auf Erweitert. Machen Sie sich keine Sorgen, dies sind keine Arbeitsschritte für Fortgeschrittene. Und wir werden später hierher zurückkehren, um das

Einstellungsmenü gründlich zu behandeln, sobald wir einige andere Teile des Computers besprochen haben, die Sie kennen müssen.

Next, click on Accessibility.

Dies öffnet das Eingabehilfen-Menü. Sehen Sie! Sieht nicht zu kompliziert aus, oder?!

Den unteren Teil besprechen wir später. Im Moment geht es darum, alles zurückzusetzen, was Sie momentan nicht tun möchten – und wahrscheinlich auch zukünftig nie brauchen. Der Teil, auf den wir als Nächstes klicken möchten, ist das Verwalten von Eingabehilfen.

Manage accessibility features
Enable accessibility features

So rufen Sie eine ganze Reihe von Funktionen auf. In den meisten Fällen handelt es sich dabei um Schalter. Dies bedeutet, dass Sie daraufklicken, um sie einzuschalten, und erneut daraufklicken, um sie auszuschalten. Die erste ist die Text-zu-Sprache Funktion. Text-zu-Sprache liest Ihnen Text (wie E-Mails und Dokumente) vor. Mit den ersten beiden Optionen wird es aktiviert und mit der letzten können Sie beispielsweise die Lautstärke bearbeiten.

Als Nächstes kommt der Bildschirm. Hier können Sie einen hohen Kontrast aktivieren, wenn Sie Schwierigkeiten haben, Ihren Bildschirm zu sehen. Sie können aber auch alles vergrößern, indem Sie den Zoom einschalten.

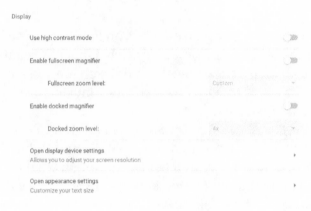

Danach folgen die Tastatureinstellungen. Wenn Sie kein Fan des Tippens sind, werden Sie diesen Bereich lieben - eine der Optionen ist das Diktieren – oder Sprache zu Tippen. Sagen Sie, was Sie wollen, und es wird auf Ihrem Bildschirm angezeigt.

Keyboard and text input

Enable sticky keys (to perform keyboard shortcuts by typing them sequentially)

Enable on-screen keyboard

Enable dictation (speak to type)
Send your voice to Google to allow dictation into any text field.

Highlight the object with keyboard focus when it changes

Highlight the text caret when it appears or moves

Open keyboard device settings
Allows you to adjust your keyboard repeat rate, word prediction, and more

Wenn Sie kein Fan des Touchpads sind, sind Sie nicht allein. Viele Menschen haben Schwierigkeiten, sich daran zu gewöhnen. Dadurch kann die auf dem Bildschirm angezeigte Größe angepasst werden, sodass sie leichter zu finden ist. Sie können auch die

Hervorhebung aktivieren, sie wird auf Ihrem Bildschirm leicht hervorgehoben angezeigt. Mit der letzten Einstellung können Sie die Gesamtgeschwindigkeit und andere Einstellungen ändern. Wenn es Ihnen also alles zu schnell ist, wenn alles also zu schnell auf Berührung reagiert, können Sie die Reaktionsfähigkeit anpassen.

Mouse and touchpad

Automatically click when the mouse cursor stops

Show large mouse cursor

Highlight the mouse cursor when it's moving

Open mouse and touchpad device settings
Allows you to enable/disable tap-to-click and tap dragging

Schließlich kommt die Audioeinstellung, die ist ziemlich einfach. Sie ändert den Ton von Stereo (Surround-Sound) zu Mono (gleicher Ton bei allen Lautsprechern). Sie können auch auswählen, ob Sie beim Start ein Geräusch hören möchten oder nicht.

Audio

Play the same audio through all speakers (mono audio)

Play sound on startup

Add additional features
Open Chrome Web Store

[2]

ERKLÄREN SIE MIR DIE BASISKONZEPTE AUF LÄCHERLICH EINFACHE ART

Dieses Kapitel beschreibt:
- Was Chrome OS ist
- Die Tastatur

EIN WORT (ODER VIEL MEHR EIN PARAGRAPH) ZU CHROME OS

Google verwendet seit Jahren den sogenannten "Apple-Ansatz" für Computer und Tablets. Auf Computern lief üblicherweise Chrome und auf Tablets Android (z. B. auf iPads iOS und auf MacBooks MacOS). Wie bei iPads und Macbooks gab es Ähnlichkeiten zwischen Android-Tablets und Chrome-Computern. Es gab aber auch entscheidende Unterschiede.

Das Pixel Slate bricht mit dieser Tradition, indem
es dasselbe Betriebssystem benutzt, mit dem Sie bereits vertraut sind, sofern Sie ein Chromebook besitzen. Darüber hinaus können neuere Chromebooks
auch Android-Apps herunterladen. Das heißt, wenn
auf Ihrem Telefon eine App vorhanden ist, die Sie lieben, können Sie sie auch auf Ihrem Computer verwenden

DIE TASTATUR

Das Layout der Tastatur unterscheidet sich
nicht vollständig von anderen Computern, es gibt jedoch einige Tasten, mit denen Sie möglicherweise
nicht vertraut sind. Die folgende Liste gibt einen Überblick über diese Tasten. Da es so viele verschiedene
Chromebook-Modelle gibt, variiert diese Liste, sodass
das Folgende nur als Referenz gedacht ist.

●	Durchsucht alle auf Ihrem Computer installierten Apps sowie das Internet. Auf dieser Schaltfläche befindet sich normalerweise die Feststelltaste. Um die Feststelltaste zu verwenden, drücken Sie gleichzeitig diese Taste und die Alt-Taste.
⬤	Startet den Google-Assistenten (Googles Version von Siri).
←	Wechselt zur vorherigen Seite in Ihrem Browserverlauf.
⟳	Lädt Ihre aktuelle Seite erneut.

⸢⸣	Dadurch wird Ihre aktuelle Anwendung in den Vollbildmodus versetzt. Alle Registerkarten und der Launcher werden ausgeblendet.
▢‖	Zeigt alle Fenster im Übersichtsmodus an.
○	Verdunkeln Sie den Bildschirm. (F5)
○	Machen Sie den Bildschirm heller. (F6)
▶‖	Play/Pause (F7)
◀⃠	Stumm stellen (F8)
◀·	Das Volumen senken(F9)
◀⁙	Das Volumen heben. (F10)
≡	Öffnen Sie Ihren Statusbereich (wo Ihr Kontobild angezeigt wird).

[3]

ALLES WAS SIE ÜBER CHROME OS WISSEN SOLLTEN

Dieses Kapitel beschreibt:
- Benutzerkonten
- Einstellungsüberblick

Chrome OS ist ein sehr enger Verwandter von Googles Internet-Browser Google Chrome. Als Besitzer eines Chromebooks werden Sie schnell feststellen, dass Chrome ein sehr großer Teil Ihres Lebens werden wird. Das ist gut so; schließlich ist Chrome ein schneller, benutzerfreundlicher Webbrowser mit Funktionen aller Art und scheinbar unbegrenztem Verbesserungs-potential dank Apps und Erweiterungen, die im Chrome Web Store verfügbar sind. Der Chrome-Brow-ser bedeutet jedoch so viel mehr als nur das Surfen im Internet in Chrome OS, weil fast jede App, die Sie in Chrome OS öffnen, in einem Chrome-Browserfenster ausgeführt wird. Machen Sie sich keine Sorgen, wenn das zunächst merkwürdig klingt - Sie werden alles schnell verstehen und wir werden mit Ihnen alles durchgehen, das Sie wissen sollten!

Der Chrome Web Store enthält Produkte, die den wichtigsten Desktop-Anwendungen sehr ähnlich sind, sodass Sie kaum einen Unterschied feststellen werden. Als Bonus sind viele von diesen völlig kostenlos (und wenn Sie jemals für Photoshop bezahlt haben, dann wissen Sie, wie hilfreich das ist!).

Da die meisten Funktionen von Chromebook in ei-nem Browser ausgeführt werden, können Chrome-book-Benutzer den größten Teil ihrer Chromebook-Arbeit von jedem Computer, der den kostenlosen Google Chrome Browser vorinstalliert hat, aus durch-führen. Das Cloud-Speichersystem von Google - Google Drive - ist in Chrome OS integriert und speichert Ihre Arbeit kontinuierlich ab. Solange Sie mit dem W-Lan verbunden sind, werden Ihre wichtigen Dateien und Dokumente in der Cloud sicher und zuverlässig ge-speichert, sollte ihrem Chromebook ein Unfall wider-fahren.

Wenn Sie sich an dieser Stelle am Kopf kratzen, machen Sie sich keine Sorgen. Chromebook ist einfach zu bedienen und der beste Weg, es zu verstehen, be-steht darin, das Gerät einzuschalten, die Ärmel

hochzukrempeln und direkt anzufangen. Und genau
das werden wir im nächsten Kapitel tun!

BENUTZERKONTEN

Eine der besten Funktionen eines Chromebooks ist
die Möglichkeit, Benutzerkonten hinzuzufügen. Im Gegensatz zu anderen Computern können Sie alle Ihre
Einstellungen übertragen. Angenommen, Sie haben ein
Chromebook und melden sich bei einem anderen
Chromebook an. Alle Ihre Apps, Einstellungen und
personalisierten Aspekte warten dort auf Sie. Es ist
fast so, als würden Sie Ihren eigenen PC verwenden,
obwohl Sie als Gast angemeldet sind. Dies bedeutet
auch, dass die Einrichtung sehr einfach ist, falls Sie
sich in der Zukunft einen neuen Computer anschaffen.
Sie müssen sich einfach nur einloggen und fertig!

Wenn Sie mehrere Konten besitzen, ist es außerdem sehr einfach, einen Computer in Ihrem Haushalt
zu teilen. Auf dem Anmeldebildschirm können Sie entweder einen Benutzer hinzufügen oder sich als Gast
anmelden. Jeder, der über ein Google-Konto verfügt
(wenn Sie Google Mail haben, besitzen Sie eines -
wenn Sie kein Google Mail-Konto haben, haben Sie
möglicherweise eines, ohne es zu wissen, da Google
auch von vielen Unternehmen verwendet wird), kann
ein Konto auf Ihrem Computer einrichten. Keine
Sorge: Dadurch erhalten andere Benutzer keinen Zugriff auf Ihre Dateien oder persönlichen Einstellungen.

Bei den Benutzerkonten ist nur eines zu beachten:
Richten Sie zuerst den Gerätebesitzer ein! Wenn Sie
sich zum ersten Mal mit einem anderen Konto beim
Computer anmelden, ist dies der Gerätebesitzer und
die Person, die über Administratorrechte verfügt, die
andere Benutzer nicht haben. Es gibt keine

Möglichkeit, die Eigentumseinstellung danach auf einen anderen Benutzer zu übertragen. Alternativ müssten Sie Ihren Computer auf die Werkseinstellungen zurücksetzen.

ÜBERBLICK ÜBER DIR EINSTELLUNGEN

Wir werden die Einstellungen in diesem Buch etwas detaillierter darlegen, aber es gibt einige Einstellungen, über die Sie bereits jetzt Bescheid wissen sollten.

Benutzerkonten

Wenn Sie verhindern möchten, dass sich Personen bei Ihren Einstellungen anmelden können, melden Sie sich auf Ihrem Konto an, klicken Sie auf Ihr Benutzerprofilbild (untere rechte Ecke des Bildschirms) und dann auf die Schaltfläche Einstellungen:

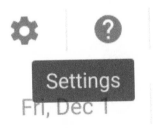

Von hier aus gelangen Sie zu einem Browserfenster mit einer Liste der häufigsten Einstellungen. Scrollen Sie zum Ende der Liste und klicken Sie auf die Schaltfläche "Andere Benutzer verwalten". Standardmäßig ist hier alles aktiviert. Klicken Sie einmal, um Dinge auszuschalten. Wenn Sie die hintere Taste drücken, werden Ihre Einstellungen automatisch gespeichert.

Tastatur Einstellungen

Die Position der Alt-Taste auf einer Computertastatur ist an der Stelle, and der ein Mac-Benutzer möglicherweise die Befehlstaste erwartet. Es gibt mehrere andere Tasten wie diese. Sie können sich entweder umgewöhnen oder auf Ihre Tastatureinstellungen gehen und die Verknüpfungen ein wenig anpassen. In den Einstellungen können Sie auch Dinge wie die Sprache ändern.

Touchpad Einstellungen

Mac-Benutzer werden sich ein wenig über das Scrollen auf ihrem neuen Computer ärgern! Das liegt daran, dass das Scrollen auf einem Apple-Gerät das Gegenteil vom Scrollen auf einem Chromebook ist! Auch hier können Sie sich entweder mental umgewöhnen oder einfach die Einstellung ändern. "Australisch" ist die Einstellung für das Scrollen, die Sie wollen. Eine weitere Einstellung, die Sie wahrscheinlich ändern sollten, ist die Touchpad-Geschwindigkeit. Für einige Benutzer kann sie sich etwas verzögert anfühlen. Es gibt eine einfache Lösung. Schieben Sie einfach die Touchpad-Geschwindigkeitstaste nach rechts, um das Scrollen zu beschleunigen.

[4]

WIE MAN SICH RICHTIG IN OS BEWEGT

Dieses Kapitel beschreibt:
- Der Desktop
- Launcher und Chrome Shelf
- Chrome Windows
- Dateien und Google Drive
- Offline Modus

Googles Betriebssystem wirkt wie ein Kompromiss zwischen Windows und Mac OS und das ist gut so, denn so fühlt man sich schnell daheim, ohne lange Gewöhnungsphase. In diesem Abschnitt erhalten Sie einen Crashkurs über die Grundfunktionen des Betriebssystems und die Standortfunktion.

DESKTOP

Ihr Desktop nimmt den größten Teil des Bildschirms ein. Er enthält ein Desktop-Hintergrundbild, das angepasst werden kann, und Sie können auch hier Dateien und Verknüpfungen für den einfachen Zugriff speichern, genau wie bei anderen Desktops. Es besteht jedoch die Möglichkeit, dass Sie den Desktop-Bereich nicht in großem Umfang nutzen. Die intuitive Benutzeroberfläche von Chrome erleichtert das Speichern von allem in Ihrem Google Drive. Ich habe Chrome OS seit vielen Jahren verwendet und finde, dass der Desktop normalerweise nur ein Ort ist, an dem man ein hübsches Bild erstellen kann.

DER LAUNCHER UND CHROME SHELF

Die Launcher-Schaltfläche ähnelt der Start-Schaltfläche auf einem Windows-Computer – sie funktioniert bloß ein bisschen einfacher. Durch das Klicken auf die Schaltfläche "Launcher" wird Ihnen jede App angezeigt, die Ihrem Google-Konto zugeordnet ist. Dieses Apps-Menü befindet sich rechts, und Sie müssen möglicherweise die horizontalen Seitenanzeigesymbole am unteren Rand des Menüs verwenden, um von Bildschirm zu Bildschirm zu wechseln.

Neben der Schaltfläche "Apps" finden Sie Ihr Chrome-Shelf. Sie sind es vielleicht gewohnt, diesen Bereich als Taskleiste oder Dock anzusehen, aber in Chrome wird dieser als „Shelf" oder Regal bezeichnet. Das Shelf enthält Verknüpfungen zu Ihren bevorzugten Apps und Dokumenten und zeigt an, welche gerade ausgeführt wird. Im Screenshot oben sehen Sie, dass derzeit der Chrome-Browser, Google Mail, die App HipChat und die Datei-App aufgrund des kleinen grauen Punkts unter diesen Symbolen ausgeführt werden.

Ganz rechts (wo sich Ihr Foto befindet) befindet sich das Systemablage-Menü. Hier sehen Sie die Einstellungen, aktualisierte Apps und die Akkulaufzeit.

CHROME WINDOWS

Chrome ist fast ausschließlich browserbasiert. Es gibt einige traditionell aussehende Apps (wie Google Hangouts), aber die meisten Apps, die Sie in Ihrem Chrome Shelf sehen, sind hauptsächlich Verknüpfungen zu einer Webseite. Ich werde die mit dem Chromebook gelieferten Apps erklären und später in diesem Buch erläutern, wie Sie weitere Apps erhalten.

DATEIEN UND GOOGLE DRIVE

Jeder Computer verfügt über einen „lokalen" Speicher – der enthält alle Inhalte (Dateien, Fotos, Dokumente), die direkt auf dem Computer gespeichert werden. Windows-Computer verfügen über den Datei- / System-Explorer. Mac-Computer haben „Finder"; und Chrome-Computer haben Dateien. Chrome-Computer verfügen über ein zusätzliches Speicherlaufwerk: Google Drive. Google Drive funktioniert Cloudbasiert. Das bedeutet, dass alles, was Sie dort speichern, im Internet verfügbar ist (privat, sofern Sie es nicht öffentlich machen). Dies erleichtert das Speichern einer Datei, die Sie auf einem anderen Computer verwenden möchten. Die Datei-App zeigt Ihnen sowohl lokale Dateien (auf Ihrem Computer) als auch Cloud-Dateien (online gespeichert). Wenn Sie ein USB-Speichergerät wie ein Flash-Laufwerk oder eine externe Festplatte anschließen, wird dies auch in Dateien angezeigt.

Beachten Sie, dass Google Drive Ihnen nicht unbegrenzten Speicherplatz bietet. Ihr Google-Konto verfügt über 15 GB freien Speicherplatz. Danach kostet es 1,99 US-Dollar pro Monat und mehr. Dies ist eine sehr kostengünstige Lösung, die Sie zum Sichern von Dateien in Betracht ziehen sollten, die Sie auf Ihrem Computer speichern. Wenn Sie ein neues Chromebook kaufen, ist für Sie der Speicherplatz möglicherweise kostenlos dabei. Die aktuellen Angebote von Google finden Sie hier:

https://www.google.com/chromebook/offers/

OFFLINE

Das Chromebook kann online verwendet werden. Das Internet ist jedoch nicht erforderlich. Sogar Googles Suite von Online-Apps (Dokumente, Blätter und Folien) kann offline verwendet werden. Wenn Sie eine Google Doc-Datei (oder Blätter / Folien) bearbeiten möchten, stellen Sie sicher, dass Sie sie in den „offline" Ordner verschieben, bevor Sie sich abmelden.

[5]

ALLES ÜBER CHROME OS

Dieses Kapitel beschreibt:
- Anatomie des Chrome Fensters
- Tabs und Windows
- Incognito
- Lesezeichen
- Verlauf
- Passwörter
- Autofill
- Chrome Erweiterungen
- Web Store und Apps
- Installieren und Managen von Inhalten in Chrome

DER CHROME BROWSER

Der Webbrowser, der standardmäßig mit Ihrem Chromebook geliefert wird, ähnelt in jeder Hinsicht derselben Version von Chrome, die auch für Windows-, OSX- und Linux-Computer verfügbar ist. Wenn Sie Chrome bereits auf einem anderen Gerät verwenden, besteht hier nur eine sehr geringe Lernkurve. Eine Sache, die Sie sofort lieben werden, ist, dass alle Ihre Lesezeichen und Einstellungen von einem Gerät zum Nächsten übertragen werden. Es gibt allerdings noch einige weitere Dinge, die Sie wissen sollten, diese werde ich hier behandeln.

Sie werden feststellen, dass das Öffnen von Chrome den Browser nicht automatisch in den Vollbildmodus versetzt. Sie können die Größe des Chrome-Fensters auf zwei verschiedene Arten manipulieren: durch das Drücken der grünen Maximierungsschaltfläche oder durch das Tippen auf die drei Punkte in der oberen rechten Ecke und anschließendes Tippen auf die Vollbildschaltfläche neben den Zoomoptionen.

Wenn Sie Chrome auf anderen Geräten verwenden, können Sie auf alle derzeit geöffneten Seiten und Lesezeichen zugreifen, indem Sie auf „Andere Geräte" klicken (klicken Sie auf die drei Punkte, bewegen Sie den Mauszeiger über „Verlauf" und scrollen Sie zum unteren Teil der Liste). Wenn Sie eine Webseite versehentlich geschlossen haben, speichert Chrome sie für einen bestimmten Zeitraum im Menü "Zuletzt geschlossen".

ANATOMIE EINES GOOGLE CHROME FENSTERS

Chrome geht Ihnen größtenteils aus dem Weg. Der überwiegende Teil eines Chrome-Fensters ist für sogenannten „Content" reserviert - unabhängig davon, ob es sich um eine Webseite, ein Google Text & Tabellen-Dokument, ein Spiel oder eine andere Chrome-App handelt.

Alles, was Sie zum Verwalten eines Chrome-Fensters benötigen, befindet sich im oberen Bereich der Seite. In der oberen rechten Ecke sehen Sie die Schaltflächen Zurück, Vorwärts und Aktualisieren. Diese werden verwendet, um durch Ihre letzten Bildschirmansichten vorwärts oder rückwärts zu navigieren und eine Seite neu zu laden. Sie stimmen mit den drei Tasten auf der Tastatur direkt rechts von der ESC-Taste in der oberen Reihe überein.

In der Mitte des oberen Teils des Bildschirms sehen Sie die Adress- / Suchleiste, die als Chrome "Omni-Box" bezeichnet wird. Geben Sie hier die Adresse einer Webseite (google.com, face-book.com) ein, um direkt auf diese Seite zu gehen. Sie können diesen Bereich alternativ auch als Suchleiste verwenden ("Kätzchen", "DIY-Vogelhaus" usw.).

https://www.google.com

Am rechten Ende der Omnibox sehen Sie einen Stern. Klicken Sie auf diesen Stern, um die Webseite mit einem Lesezeichen zu versehen (wir werden in Kürze näher auf diesen Vorgang eingehen).

Ganz oben rechts sehen Sie schließlich die Chrome-Menüschaltfläche. Hier finden Sie alles, was Sie zum Verwalten eines Chrome-Fensters benötigen. Wir werden in diesem Handbuch relativ häufig auf diese Schaltfläche hinweisen!

TABS UND WINDOWS
    In Chrome sind zwei Anzeigeeinheiten zu beachten: Registerkarten und Fenster. In einem der Fenster öffnen sich Registerkarten (siehe Abbildung unten). Sie können einen neuen Tab öffnen, indem Sie STRG + T drücken (denken Sie daran: t für Tab), oder indem Sie mit der rechten Maustaste auf das Chrome-Symbol

≡

    im Regal klicken oder auf
> Neuer Tab klicken.

Wenn Sie dagegen eine Seite in einem neuen Fenster öffnen, wird ein vollständig separater Bereich geöffnet (der dann auf Wunsch mit einer neuen Ansammlung von Registerkarten gefüllt werden kann). Sie können neue Fenster öffnen, indem Sie STRG + N (N für Neu) drücken, mit der rechten Maustaste auf das Chrome-Symbol im Regal klicken oder

auf ☰ > Neues Fenster klicken.

Bei der Einführung von Registerkarten wurde der mühsame Wechsel zwischen mehreren Fenstern beim Surfen im Internet vereinfacht. Infolgedessen verknüpfen viele Benutzer Registerkarten heutzutage mit einem einfacheren Workflow. Auf einem Chromebook ist es jedoch dank der Fenstertaste in der oberen Reihe oft einfacher, zwischen Fenstern als zwischen Registerkarten zu wechseln. Durch das Drücken der Windows-Schaltertaste wird jedes geöffnete Fenster angezeigt, und Sie erhalten den Titel und eine visuelle Vorschau jedes Fensters. Beachten Sie dies, wenn Sie Ihre Workflow-Fenster- / Registerkartenstrategie formulieren!

INCOGNITO BROWSEN

Wenn Sie Geburtstagsgeschenke kaufen oder etwas anderes tun, das Sie nicht in Ihrem Suchverlauf verankern möchten, sollten Sie den Incognito Browsermodus benutzen. Seiten, die Sie auf einer Inkognito-Registerkarte anzeigen, werden nicht in Ihrem Verlauf gespeichert. Die Suchbegriffe tauchen in Ihrem Suchverlauf nicht wieder auf und Website-Cookies werden nicht auf Ihrem Computer gespeichert. Wenn Sie jedoch etwas herunterladen oder mit einem Lesezeichen versehen, denken Sie daran, dass es später auf Ihrem System wiederhergestellt wird.

Um eine Inkognito-Registerkarte in Chrome zu öffnen, drücken Sie auf STRG + UMSCHALT + N, klicken Sie mit der rechten Maustaste auf das Chrome-Symbol im Regal oder klicken Sie auf ☰ > Neues Fenster. Sie können auf einen Blick erkennen, welche Fenster als inkognito klassifiziert sind, indem Sie nach der

Schattenfigur in der Sonnenbrille suchen, die hinter
der oberen linken Ecke hervorschaut.

LESEZEICHEN

Lesezeichen sind praktisch, wenn Sie Ihre Lieb-
lingsseiten so organisieren wollen, dass Sie später zü-
giger auf sie zugreifen können. Sie können auf einige
verschiedene Arten Ihre Seite mit einem Lesezeichen
versehen. Sie können auf den Stern in der Omnibox
klicken, wie zuvor bereits angesprochen, oder Sie kön-

nen STRG+D drücken. Sie können auch über ≡ >
Lesezeichen > Lesezeichen hinzufügen navigieren.

Standardmäßig werden Ihre Lesezeichen in der Lesezeichenleiste gespeichert, die normalerweise nicht
sichtbar ist. Wenn die Lesezeichenleiste aktiviert ist,
wird sie unter der Omnibox angezeigt. Klicken Sie zum

Anzeigen der Lesezeichenleiste auf ≡ > Lesezei-
chen> Lesezeichenleiste anzeigen oder drücken Sie
STRG + UMSCHALT + B. Um sie auszublenden, folgen

Sie demselben Eingabepfad oder verwenden Sie dieselbe Tastenkombination.

Wenn Ihnen der automatische Begriff für ein Lesezeichen nicht gefällt, können Sie ihn einfach bearbeiten, entweder beim Hinzufügen des Lesezeichens oder später, indem Sie Ihre Lesezeichen verwalten. Um Lesezeichen zu verwalten, klicken Sie mit der rechten Maustaste auf das Lesezeichen und klicken Sie dann auf Bearbeiten (oder Löschen oder was auch immer Sie tun wollen). Klicken Sie dann auf ☰ > Lesezeichen> Lesezeichen-Manager oder drücken Sie STRG + UMSCHALT + O. Im Lesezeichen-Manager können Sie mit der rechten Maustaste auf Lesezeichen klicken, um sie zu bearbeiten (siehe Abbildung unten). Sie können die Reihenfolge Ihrer Lesezeichen auch im Lesezeichen-Manager oder durch Ziehen in der Lesezeichenleiste selbst ändern. Die häufigste Änderung, die wir für Lesezeichen vornehmen, ist das Kürzen des Namens, um so viele wie möglich zu unserer Lesezeichenleiste hinzuzufügen!

Natürlich kann es sein, dass Ihnen in der Lesezeichenleiste irgendwann der Platz ausgeht. In diesem Fall wird am Ende der Lesezeichenleiste ein Doppelpfeil angezeigt. Durch Klicken auf den Pfeil werden die restlichen Lesezeichen angezeigt. Dies mag für Sie ausreichend sein, aber wenn Sie eine große Anzahl von Lesezeichen besser verwalten möchten, empfehlen wir Ihnen, Ihre Lesezeichen in Ordnern zu organisieren. Öffnen Sie dazu den Lesezeichen-Manager (STRG + UMSCHALT + O). Klicken Sie links auf die Überschrift Ordner und dann auf Ordner hinzufügen.

Sie können beliebig viele Ordner hinzufügen. Sobald die Ordner hinzugefügt wurden, können Sie Ihre
Lesezeichen im Lesezeichen-Manager in diese hinein-
ziehen. Sie können Ihre Ordner entweder in der Lesezeichenleiste anzeigen oder im Ordner "Andere

Lesezeichen" organisieren, den Sie unter  > Lesezeichen aufrufen können.

Vergessen Sie nicht, dass in Chrome OS praktisch
alles, was Sie sich ansehen, als Webseite angezeigt
wird. Dies bedeutet, dass Sie auch Lesezeichen für
Google Text & Tabellen-Dokumente, Google Slides-
Präsentationen, Spiele usw. einrichten können. Dies
bietet eine hervorragende Möglichkeit, ein Projekt zu
organisieren und Ihre bevorzugten Webseiten zu organisieren.

ZULETZT AUFGERUFEN UND VERLAUF

Chrome speichert Ihre zuletzt angezeigten Seiten und den vollständigen Browserverlauf, damit Sie problemlos zu Orten zurückkehren können, an denen Sie zuvor gearbeitet hatten. Sie können Ihre kürzlich ge-

schlossenen Registerkarten unter ☰ > Zuletzt verwendet ansehen. Dies ist ein echter Lebensretter, wenn Sie einen Tab versehentlich schließen!

Sie finden Ihren vollständigen Browserverlauf un-

ter ☰ > Verlauf oder durch das Drücken auf STRG + H (H für Verlauf). Um Ihren Verlauf jederzeit zu löschen, besuchen Sie diesen und klicken Sie dann auf Browserdaten löschen. Sie können entweder den Suchverlauf der letzten Stunde, den des letzten Tags, der letzten Woche, des letzten Monats oder, wie Google es so poetisch ausdrückt, vom Anbeginn der Zeit aus löschen. Sie können außerdem angeben, welche Art von Verlauf Sie löschen möchten. Sie könnten beispielsweise Ihre Liste der zuletzt besuchten Webseiten löschen, aber alle in Chrome gespeicherten Kennwörter beibehalten.

GOOGLE CHROME UND IHR GOOGLE ACCOUNT

Wenn Sie ein neues Chromebook einrichten, meldet sich Ihr System automatisch beim Google Chrome-Browser an. Sie können sich jedoch auch von anderen Computern aus bei Chrome anmelden. Wenn Sie sich bei Chrome anmelden, können Sie Ihren Browserverlauf aus anderen Chrome-Sitzungen auf anderen Computern, Ihre gespeicherten Kennwörter, Ihre Erweiterungen und mehr auf dem entsprechenden Gerät anzeigen lassen. Um sich bei Chrome anzumelden, klicken Sie oben rechts in einem Chrome-Browserfenster auf Anmelden.

GESPEICHERTE PASSWÖRTER

Google Chrome bietet Ihnen an, sich Passwörter bei jeder Eingabe auf einer Website zu merken. In einem Popup-Fenster werden Sie gefragt, ob Sie das Kennwort speichern möchten. Sie können Nein auswählen, um das Feld einmal zu schließen, oder Sie können auf den Pfeil neben „Nein" klicken, um die Option nie für diese Seite zu wählen.

Alle Passwörter, die Sie auf Ihrem Chromebook oder Slate speichern, werden tatsächlich mit Ihrem Google-Konto verknüpft. Dies bedeutet, dass Sie sie bei jeder Anmeldung bei Chrome auf jedem Computer verwenden können (wir empfehlen jedoch, die Anmeldung auf öffentlichen Computern zu vermeiden, um Ihre Sicherheit zu gewährleisten).

Wenn Sie Ihre gespeicherten Passwörter verwalten müssen, besuchen Sie ![icon] > Einstellungen. Klicken Sie unten im Bildschirm Einstellungen auf Erweiterte Einstellungen anzeigen. Scrollen Sie nach unten, bis Sie die Überschrift Passwörter und Formulare sehen. Klicken Sie darunter auf Kennwörter verwalten. Hier können Sie Ihre gespeicherten Passwörter bearbeiten oder löschen. Sie können das Angebot zum Speichern Ihrer Webkennwörter auch deaktivieren, falls Chrome

keine Kennwörter für Sie speichern
soll.

Passwords and forms

☑ Enable Autofill to fill out web forms in a single click. Manage Autofill settings

☑ Offer to save your web passwords. Manage passwords

FORMULAR AUTOMATISCH FÜLLEN

Das automatische Ausfüllen von Formularen verarbeitet und speichert Formulare, die Sie wiederholt gleich ausfüllen. Es kann sich Ihren Namen, Ihre Adresse, Ihre Telefonnummer, Ihre E-Mail-Adresse usw. merken. Dies ist bei der wiederholten Dateneingabe nützlich. Möglicherweise müssen Sie jedoch gelegentlich Ihre Autofill-Einstellungen verwalten, wenn Sie Umziehen oder Ihre Telefonnummer ändern. Gehen Sie dazu auf Einstellungen> Kennwörter und Formulare und klicken Sie auf Einstellungen für automatisches Ausfüllen verwalten.

CHROME EWEITERUNGEN

Erweiterungen erweitern die Funktionalität von Chrome auf vielfältige Weise. Die enorme Auswahl an kostenlosen Erweiterungen ist ein großer Teil dessen, was Google Chrome so großartig macht. Wir werden einige unserer Favoriten später in Teil 5 vorstellen, und Sie können sie im Web Store, welchen wir als nächstes behandeln, auf eigene Faust erkunden.

DER CHROME WEB STORE

Sie sollten den Web Store besser früher als später kennenlernen, da Sie dort neue Apps und Erweiterungen für Ihr Chromebook finden können. Glücklicherweise enthält dieser „Store" einen riesigen kostenlosen Bereich, sodass das Ausprobieren Ihres Chromebooks nicht unbedingt die Bank sprengen muss!

Sie finden den Web Store, indem Sie auf die Apps-Schaltfläche in der unteren linken Ecke klicken. Wenn Sie ein Android-Nutzer sind, beachten Sie, dass der Chrome Web Store nicht mit dem Google Play Store identisch ist, obwohl sie viele Inhalte gemeinsam haben.

Es gibt drei große Kategorien im Store: Apps, Erweiterungen und Themen. Sie können oben im Web Store-Navigationsbereich links auswählen, für welchen Bereich Sie sich am meisten interessieren.

Bevor Sie loslegen, sollten wir hier eine sehr wichtige Funktion erwähnen, die sowohl diesem Chromebook als auch allen neuen Chromebooks hinzugefügt wurde: Der Android Store!

Warum ist das wichtig? Alle Apps, die Sie bereits auf Ihr Android-Tablet oder -Telefon heruntergeladen haben, können jetzt auf Ihren Computer heruntergeladen werden. Es verwandelt Ihr Chromebook so also fast in ein Tablet. Sie können jede App aus dem Play Store herunterladen und sie wird auf Ihrem Computer installiert (play.google.com).

APPS

Der Apps-Bereich des Stores enthält zwei Arten von Apps: Chrome-Apps und Website-Apps. Website-Apps sind im Grunde genommen wie Lesezeichen. Dies sind Websites, die Sie von jedem Computer aus besuchen können, im Allgemeinen funktionieren sie mit jedem Browser. Sie sind normalerweise kostenlos. Chrome-Apps hingegen nehmen Änderungen an Ihrem Chrome-Browser vor, damit sie funktionieren können. Sie müssen Chrome ausführen, um sie verwenden zu können, und sie müssen auf der von Ihnen verwendeten Chrome-Kopie installiert sein. Diese Unterscheidung ist für die meisten Benutzer weitgehend nicht relevant. Unabhängig davon, ob es sich bei einer App um eine Web-App oder eine Chrome-App handelt, bedeutet das Hinzufügen zu Ihrem Chromebook, dass sie im Menü der Apps-Schaltfläche angezeigt wird und an Ihr Shelf angeheftet werden kann.

Store-Apps können nach Kategorien durchsucht werden, indem Sie das Dropdown-Menü unter Kategorien im linken Menü verwenden. Sie können auch nach Funktionen wie "Wird offline ausgeführt" (was bedeutet, dass für die App keine Internetverbindung erforderlich ist), Google, Kostenlos oder für Android verfügbar suchen (sehr nützlich, wenn Sie Ihr Chromebook behalten möchten und Android-Smartphone oder -Tablet weitesgehend synchronisieren wollen). Schließlich können Sie auch nach der durchschnittlichen Bewertung sortieren.

ERWEITERUNGEN

Im Gegensatz zu Apps können Sie mit Erweiterungen mit jeder Seite, die Sie in Chrome besuchen, mehr schaffen. Mit Erweiterungen können Sie noch mehr mit dem Chrome-Browser tun, und es gibt viele Möglichkeiten. Es gibt Erweiterungen, mit denen Sie auf Webseiten Geld umrechnen, Bilder an Ihre Pinterest-Boards anheften, sichere Passwörter generieren oder Ihre Online-Privatsphäre verwalten können.

Wie bei den Apps können Erweiterungen nach Kategorie, Sonderfunktionen (einschließlich kostenlos) und Sternebewertung eingegrenzt werden.

THEMEN

Themen ähneln Desktop-Hintergrundbildern, aber anstatt Ihren Desktop zu dekorieren, schmücken diese das Chrome-Fenster selbst. Themen ändern das Erscheinungsbild eines leeren Fensters, üblicherweise indem sie ein Bild oder Muster anzeigen und die Farbe der Außenkanten des Fensters ändern. Im folgenden Beispiel haben wir ein dunkles Thema aktiviert.

Wir geben gerne zu, dass Apps und Erweiterungen zwar verführerisch sein können, dass wir aber nicht die gleiche Faszination für Chrome-Themen empfinden. Wir haben es normalerweise zu eilig, auf unsere Websites, Inhalte und Apps zuzugreifen, um sie zu schätzen. Ihre Geschwindigkeit kann sich jedoch verändern und es ist keine schlechte Idee, einige der kostenlosen Themen im Store zu durchsuchen, um festzustellen, ob Ihnen eines davon gefällt.

NEUE INHALTE AUF CHROME INSTALLIEREN

Das Installieren einer neuen App, Erweiterung oder eines neuen Themas ist unglaublich einfach, insbesondere weil es völlig kostenlos ist. Um einen kostenlosen Inhalt zu installieren, klicken Sie einfach auf den KOSTENLOSEN Text in einem Suchergebnis und dann auf die Schaltfläche Zu Chrome hinzufügen, die auf dem Informationsbildschirm des Inhalts angezeigt wird.

Wenn eine App, Erweiterung oder ein Thema Geld kostet, klicken Sie auf die Schaltfläche Kaufen für....

Klicken Sie dann auf Hinzufügen. Wenn Sie Google Wallet noch nicht eingerichtet haben, werden Sie zu diesem Zeitpunkt dazu aufgefordert. Google Wallet ist einfach nur der Kreditkartenmanager von Google. Fügen Sie nach Aufforderung eine Zahlungsmethode hinzu, und Google speichert diese Informationen für später. Sie können mehr als eine Zahlungsmethode hinzufügen, sollten Sie dies bevorzugen. Bestätigen Sie von dort aus den Kauf, und Ihre neue kostenpflichtige App, Erweiterung oder Ihr neues Design wird für Sie installiert.

APPS, ERWEITERUNGEN UND THEMEN MANAGEN

Nachdem Sie eine Bibliothek mit Apps, Erweiterungen und Themen zusammengestellt haben, müssen Sie diese gelegentlich vorübergehend deaktivieren oder löschen. Sie können Ihre Apps verwalten, indem Sie auf die Schaltfläche "Apps" klicken und dann mit der rechten Maustaste auf die App klicken, die Sie löschen oder ändern möchten.

Erweiterungen sind ein Bisschen komplizierter. Sie können Ihre Erweiterungen unter ☰ > Mehr Werkzeuge > Erweiterungen finden, oder unter ☰ > Verlauf (alternativ, drücken Sie STRG+H). Auf dem Verlaufsbildschirm drücken Sie die Erweiterung auf der linken Seite. So wird eine Liste aller installierten

Erweiterungen, die auf Ihrem System installiert sind, abgespielt.

Beachten Sie, dass Sie Erweiterungen deaktivieren können, indem Sie das Kontrollkästchen Aktiviert deaktivieren (eine gute vorübergehende Maßnahme), oder auf das Papierkorbsymbol klicken, um etwas dauerhaft zu löschen.

[6]

DAFÜR GIBT ES EINE VORINSTALLIERTE APP

Dieses Kapitel beschreibt:
- Google Docs, Sheets, Slides
- Scratchpad
- Google+ Hangouts
- Gmail
- YouTube
- Taschenrechner
- Kamera
- Chrome Remote Desktop
- Fotos
- Behalten
- Google Maps und Google My Maps

- Google Forms
- Zeichnungen
- Play Music, Play Books und Play Movies
- Google Kalendar
- Google Play

Wie auf jedem Computer sind auf Ihrem Chrome-book Apps sofort installiert. Hier ist eine Übersicht und wofür sie gut sind.

GOOGLE DOCS

Kurz gesagt, Google Text & Tabellen ist Googles Version von Microsoft Word oder Apple Pages. Sie können ein Dokument wie in jedem anderen Prozessor bearbeiten, aber alles ist online und wird automatisch synchronisiert, was bedeutet, dass es sehr schwierig ist, etwas zu verlieren. Sie können auch Dokumente freigeben und in Echtzeit zusammenarbeiten.

Docs glänzt wirklich durch seine Verbindung zu Google Drive. Alles, was Sie in Google Text & Tabellen starten, wird automatisch in Ihrem Google Drive-Konto gespeichert. Sie müssen sich keine Sorgen mehr machen, dass Sie durch Stromausfälle, Gerätekatastrophen oder andere Szenarien Arbeit verlieren. Änderungen werden im Laufe der Zeit gespeichert, ebenso wie Vorversionen, sodass Sie bei Bedarf problemlos zu einem früheren Stadium eines Entwurfs zurückkehren können.

Das Hauptmenü "Dokumente" besteht aus "Datei", "Bearbeiten", "Einfügen", "Formatieren", "Extras", "Tabelle", "Add-Ons" und "Hilfe". Jeder dieser

Menüpunkte enthält ein Dropdown-Menü mit zahlreichen Funktionen. Die volle Leistungsfähigkeit von Docs geht über den Rahmen dieses Handbuchs hinaus. Wir zeigen Ihnen jedoch einige der Grundlagen.

Ein neues Google Doc starten
Um ein neues Dokument zu starten, öffnen Sie einfach zum ersten Mal Dokumente oder klicken Sie auf Datei> Neu, um ein leeres Dokument zu öffnen. Beachten Sie, dass Sie mit Google Text & Tabellen> Datei> Neu auch neue Blatt-, Folien-, Zeichnungs- oder Formularprojekte starten können.

Speichern eines Google Doc
In Google Text & Tabellen wird alles gespeichert, sodass Sie es selten manuell speichern müssen. Den Status Ihrer Datei finden Sie rechts im Menü, falls Sie sich Sorgen machen. Google Text & Tabellen speichert Ihre Arbeit auch offline. Wenn Sie also nicht mit dem Drive verbunden sind, verlieren Sie Ihre Arbeit nicht und können überprüfen, ob Chromebook sie für Sie gespeichert hat.

All changes saved in Drive

All changes saved offline

Formatieren eines Google Docs
Im oberen Menübereich finden Sie alle Standardoptionen für die Textbearbeitung, die Sie üblicherweise erwarten können, einschließlich der Schriftgröße, Schriftart, Fettdruck, Kursivschrift, Unterstreichung, Textfarbe, Hyperlinks und

Textausrichtung. Wenn dies Sie jedoch nicht abdeckt, finden Sie unter Mehr auch Abstände, Listen, Einrückungssteuerung und Format Löschen.

Mit Google Docs kollaborieren

Google Text & Tabellen ist zweifellos eine der einfachsten Möglichkeiten, an einem Gruppendokument zu arbeiten. Um Personen zur Freigabe Ihres Dokuments einzuladen, klicken Sie oben rechts auf die blaue Schaltfläche Freigeben (beachten Sie, dass Sie durch Bewegen des Mauszeigers über diese Schaltfläche auch den aktuellen Status Ihres Dokuments freigeben können).

Sie können vorhandene Google-Kontakte hinzufügen, indem Sie deren Namen eingeben, oder Sie können jeden über dessen E-Mail-Adresse einladen. Beachten Sie, dass Ihre Mitarbeiter ein kostenloses Google-Konto einrichten müssen, um Google Drive verwenden zu können. Sie können das Zugriffslevel auswählen, über die Mitarbeiter verfügen sollen. Sie können Ihr freigegebenes Dokument bearbeiten, kommentieren oder lediglich anzeigen. Sie können diese jederzeit entfernen, indem Sie erneut auf die Schaltfläche "Teilen" klicken.

Wenn zwei oder mehr Personen gleichzeitig ein Dokument bearbeiten, können Sie die Cursorposition dieser Person sehen und Änderungen in Echtzeit verfolgen. Wenn Sie Bedenken haben, Arbeit zu verlieren, denken Sie daran, dass Google Text & Tabellen den Versionsverlauf für Sie speichert, sodass Sie ihn bei Bedarf problemlos widerherstellen können. Klicken Sie auf Datei> Versionsverlauf anzeigen (oder drücken Sie STRG + ALT + UMSCHALT + G). Standardmäßig werden Revisionen gruppiert in Tagesperioden angezeigt. Wenn Sie jedoch Änderungen von Minute zu Minute anzeigen möchten, klicken Sie unten im Revisionsfenster auf „Weitere detaillierte Revisionen anzeigen". Sie können in einem Gruppendokument sehen, welcher Mitarbeiter jede Änderung vorgenommen hat. Natürlich sind auch die etwas weniger eleganten Funktionen "Rückgängig" und "Wiederherstellen" immer verfügbar!

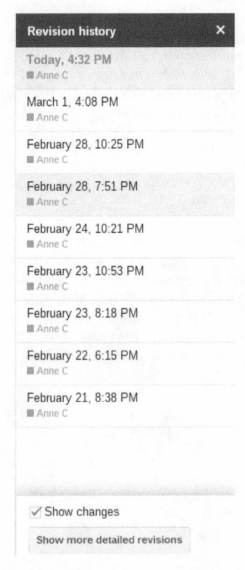

Mit anderen Dateiformaten umgehen
Glücklicherweise können Sie Microsoft Office-Da-
teien in Google Apps wie Google Text & Tabellen bearbeiten. Öffnen Sie einfach die Datei um mit deren

Bearbeitung zu beginnen. Google Text & Tabellen kann auch Dateien mit den Dateierweiterungen .ODT, .DOT, .HTML und .TXT öffnen. Es besteht jedoch immer die Möglichkeit, dass die ursprüngliche Formatierung das Konvertieren nicht vollständig übersteht.

Add-ons

Die meisten Produktivitäts-Apps von Google bieten die Möglichkeit, Funktionen hinzuzufügen, die normalerweise von Drittentwicklern entwickelt wurden. Sie können nach Add-Ons suchen, indem Sie oben auf dem Bildschirm auf den Menüpunkt Add-Ons klicken. Klicken Sie auf Add-Ons abrufen, um nach den zusätzlichen Funktionen zu suchen, die Sie benötigen. In Docs können Sie beispielsweise Add-Ons installieren, die die Struktur des Dokuments in einem Inhaltsverzeichnis in der Seitenleiste anzeigen. Es gibt sogar ein Sudoku-Add-On, das Sie in Sheets spielen können!

GOOGLE SHEETS

Google Sheets ist die Antwort von Google auf Microsoft Excel. Wenn Sie mit einem Tabellenkalkulationsprogramm vertraut sind, sollten Sie sich in Sheets ganz daheimfühlen. Wie fast jedes andere Tabellenkalkulationsprogramm wird Google Sheets bei der Berechnung alles für Sie tun. Die Eingabe von Formeln in Google Sheets ähnelt in gewisser Weise Excel. Geben Sie einfach = am Anfang einer Zelle ein und geben Sie dann Ihre Rechenformel ein. Natürlich gibt es einige kleinere syntaktische Unterschiede, an die Sie sich gewöhnen müssen, aber das ist nicht allzu schwierig. Sheets hilft Ihnen beim Formulieren Ihrer Formeln, indem es Ihnen Eingabebeispiele gibt. Sie können

Diagramme aus Ihren Daten erstellen und benutzerdefinierte Sortier- und Filterregeln einstellen.

GOOGLE SLIDES
Google Slides ist eine Präsentations-App, ähnlich
wie Microsoft PowerPoint. Folien enthalten mehrere
vorgefertigte Präsentationsthemen, um Ihnen den Ein-
stieg zu erleichtern, oder Sie können mit einer leeren
Tafel beginnen. Ihre fertige Präsentation kann als
PowerPoint-, PDF-, Bild-, skalierbare Vektorgrafik-
oder Nur-Text-Datei heruntergeladen werden, sodass
Folienpräsentationen mit nahezu jeder Umgebung
kompatibel sind. Es gibt auch eine sehr nützliche
Funktion "Im Web veröffentlichen" im Menü "Datei",
mit der eine öffentliche URL generiert wird, die Sie mit
Ihren Kollegen und / oder der ganzen Welt teilen können. Sie können Folienpräsentationen auch in Webseiten
oder Blogposts einbetten. Gehen Sie dazu zu Datei
und dann auf im Web veröffentlichen.

Publish to the web

This document is not published to the web

Make your content visible to anyone by publishing it to the web. You can link to or embed your document. Learn more

Link   Embed

Auto-advance slides:

every 3 seconds (default ⇕

☐ Start slideshow as soon as the player loads

☐ Restart the slideshow after the last slide

Publish

▸ Published content & settings

SCRATCHPAD

Scratchpad ist für die Erstellung kleiner, einfacher Dokumente gedacht (z. B. Notes unter Mac oder Notepad unter Windows). Dinge wie Lebensmittelgeschäfte und Aufgabenlisten, die für eine spätere Veröffentlichung nicht unbedingt eine erweiterte Formatierung oder Struktur benötigen, funktionieren mit Scratchpad gut.

GOOGLE+ UND HANGOUTS

Google+ begann als Googles Versuch, ein soziales Netzwerk aufzubauen. Es war ihre Antwort auf Facebook und Twitter. Wenn Sie dies lesen und sich fragen, was Google+ ist, haben Sie wahrscheinlich gemerkt, dass das Projekt nicht alles erreicht hat, was es sich erhofft hatte. Es soll deswegen in Kürze eingestellt werden.

Google+ ist seit über sechs Jahren nicht mehr verfügbar, was Sie möglicherweise überraschen wird. Es ist sicherlich nicht das am häufigsten verwendete Produkt von Google, aber es hat seit seiner Veröffentlichung an Popularität gewonnen und sich stark weiterentwickelt. Das Teilen von Fotos, Videos und mehr wird über das Netzwerk ermöglicht. Für Unternehmen ist Hangouts die wichtigste Funktion - ein Skype-ähnlicher Dienst, mit dem Sie Gruppenvideoanrufe tätigen und Bildschirme freigeben können.

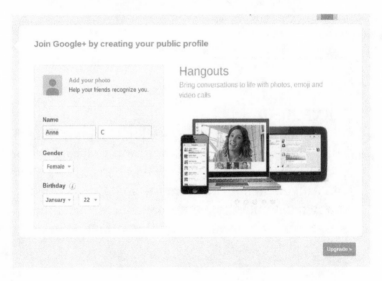

Um sich für Google+ anzumelden, müssen Sie zuerst Ihren Namen, Ihr Geschlecht und Ihren Geburtstag eingeben. Als Nächstes schlägt Google+ Personen vor, die Sie möglicherweise kennen, basierend auf den vorhandenen Google Mail-Kontakten, die Sie eingegeben haben. Verwenden Sie die Schaltfläche

Hinzufügen, um sie Ihren „Circles" (Bekanntenkreisen) hinzuzufügen (in Google+ organisieren Sie Ihre Kontakte in Circles wie Freunden, College-Freunden, Feinden usw.).

Als Nächstes schlägt Google+ einige Themen vor, an denen Sie interessiert sein könnten. Schließlich können Sie Ihr Profil aktualisieren, indem Sie ein Foto und einige zusätzliche persönliche Daten hinzufügen. Dann können Sie Google+ endlich nutzen!

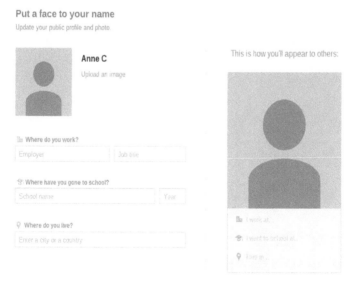

In der Google+ App gibt es einige Dinge zu beachten. In der oberen linken Ecke sehen Sie einen Knopf mit der Aufschrift "Startseite". Klicken Sie auf diese Schaltfläche, um das Google+ Menü zu erweitern.

Se

🏠 Home

👤 Profile

People

Photos

Communities

Events

Hangouts

Pages

Local

Settings

Feedback · Tour
Help · Region

Privacy · Terms · Maps Terms

Dieses Menü sollte Facebook-Nutzern bekannt sein. Sie sehen Optionen, um zu Ihrem Profil zu gelangen und es bei Bedarf zu bearbeiten, sowie Links zu den Personen, denen Sie folgen, und den Fotos, die Sie gepostet haben. Außerdem finden Sie Communitys, Ereignisse, Hangouts, Seiten, lokale Informationen und Einstellungen zu den Personen, denen Sie folgen und den Fotos, die Sie gepostet haben. Sie finden außerdem Gemeinschaften, Hangouts, Pages (Seiten), lokale Informationen und die Einstellungen.

In Google+ posten

Sie können verschiedene Artikel in Google+ veröffentlichen, genau wie bei Facebook. Sie können Text, Fotos, Links, Videos, Ereignisse (zu denen Sie Ihre Kontakte natürlich einladen können) und Umfragen hinzufügen.

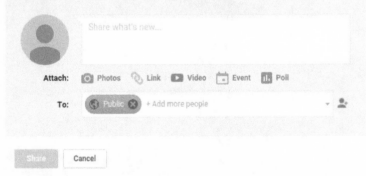

Google+ Beiträge können öffentlich, nur mit bestimmten Personen oder Google+ Circles über das Feld An: im Beitragsdialogfeld geteilt werden.

Hangouts

Hangouts ist ohne Zweifel der erfolgreichste Aspekt von Google+. Es ist wie alles, was an einem Chatraum Ende der 90er Jahre großartig war, kombiniert mit der Verfügbarkeit von Skype-ähnlichen Diensten. Ein Hangout generiert eine URL. Teilnehmer können diesen Link verwenden, um jederzeit einen Hangout zu verlassen oder zu einem Hangout zurückzukehren, genau wie in einem Chatroom.

Sie können einen Hangout in Google+ oder Google Mail starten oder die vorgesehene Hangouts-App verwenden. Um einen Hangout zu starten, geben Sie die Namen von Freunden (wenn sie Kontakte in Google+ haben) oder E-Mail-Adressen (wenn dies nicht der Fall ist) ein. Sie können auch ganze Google+ Circle hinzufügen oder einen Hangout für die gesamte Öffentlichkeit starten. Wenn Sie jedoch lieber einen privaten Anruf tätigen möchten, fügen Sie einfach einen einzelnen Namen hinzu.

Hangouts nutzt das integrierte Mikrofon und die Kamera Ihres Chromebooks, genau wie Skype oder FaceTime. Es ist einfach zu bedienen und, solange Sie über eine kostenlose Wi-Fi-Verbindung verfügen, völlig kostenlos.

GMAIL

Google Mail ist der proprietäre E-Mail-Client von Google. Wir sind der Meinung, dass es das beste Angebot ist, wenn es um Web-E-Mail-Hosts geht. Wenn Sie ein neues Google-Konto für Ihr Chromebook eingerichtet haben, startet Ihre Google Mail-Adresse mit Ihrem Benutzernamen und endet mit @ gmail.com. Wenn Sie Ihr Google Mail-Konto von einem anderen Computer aus überprüfen müssen, besuchen Sie gmail.com und geben Sie den Benutzernamen und das Kennwort Ihres Google-Kontos ein, um sich anzumelden. Sie können Google Mail in jedem Browser wie zum Beispiel Internet Explorer oder Firefox öffnen.

Wenn Sie die Google Mail-App auf Ihrem Chromebook öffnen, gelangen Sie direkt zu Ihrem Google Mail-Posteingang.

Google Mail sortiert Ihre E-Mails in drei Register-karten ein: "Primär", "Sozial" und "Werbeaktionen". Dies bietet eine großartige Möglichkeit, einen wider-spenstigen Posteingang zu zähmen. Alle Ihre Face-book-Benachrichtigungen werden unter "Sozial" angezeigt. Die täglichen E-Mails aus dem Geschäft, in das Sie einmal gegangen sind, werden unter "Werbe-aktionen" angezeigt, damit Sie sich nur auf die E-Mails konzentrieren können, die Sie höchstwahrscheinlich wirklich lesen möchten.

Natürlich werden gelegentlich Fehler passieren. Wenn eine Nachricht unter der falschen Registerkarte angezeigt wird, ziehen Sie sie einfach auf die richtige

Registerkarte, unter der zukünftige Nachrichten von diesem Absender angezeigt werden sollen.

Beim ersten Öffnen von Google Mail werden Sie feststellen, dass die Chromebook Google Mail-App Sie durch einige grundlegende Einrichtungsaufgaben führt, mit denen Sie Google Mail richtig gut kennenlernen können, sofern Sie dies noch nicht getan haben. Sie können ein Thema auswählen, Kontakte importieren, ein Lernprogramm durcharbeiten, Google Mail auf einem Mobiltelefon installieren und ein neues Profilbild hinzufügen. Nehmen Sie sich etwas Zeit und arbeiten Sie diese Schritte durch. Sie werden es nicht bereuen und erhalten eine hervorragende Einführung in Google Mail.

Emails in Gmail verschicken

Um eine neue E-Mail-Nachricht zu starten, öffnen Sie Google Mail und klicken Sie im linken Menü auf die rote Schaltfläche Verfassen.

COMPOSE

Daraufhin wird der Popup-Bildschirm "Verfassen" angezeigt, in dem Sie Ihre E-Mails verfassen und gleichzeitig Ihren Posteingang im Auge behalten können. Geben Sie die E-Mail-Adresse Ihres Empfängers in das Feld An ein und den Betreff Ihrer E-Mail in das Feld Betreff ein. Wenn Sie einen CC-Empfänger (eine „Carbon Copy", die für andere Empfänger sichtbar ist) oder einen BCC-Empfänger (Blind Car-Bon Copy - für andere Empfänger unsichtbar) hinzufügen müssen, klicken Sie auf den grauen Cc Bcc-Text in der oberen rechten Ecke des Fensters „Neue Nachricht". Dann schreiben Sie Ihre Nachricht in das große freie Feld. Wenn Sie mit dem Schreiben fertig sind, klicken Sie auf die blaue Schaltfläche "Senden" in der unteren linken Ecke des Fensters "Neue Nachricht", um Ihre E-Mail zu verschicken.

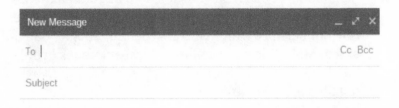

Mit Google Mail können Sie Ihre E-Mails auch einfach formatieren und Anhänge und Multimedia-Inhalte hinzufügen. Neben der Schaltfläche "Senden" werden auf dem Symbol "A" Optionen zum Formatieren von Text angezeigt (fett, kursiv, Auswahl der Schriftart usw.). Als Nächstes öffnet das Büroklammersymbol ein Dialogfeld, in dem Sie in Ihrem Chromebook nach Dateien suchen können, die an Ihre Nachricht angehängt werden können, z. B. PDFs, Google Text & Tabellen-Dokumente usw. Wenn Sie eine Datei im Drive haben, die Sie einfügen möchten, verwenden Sie das Laufwerkssymbol anstelle der Büroklammer. Sie können das $ -Symbol als eine Art Google-Version von PayPal verwenden, wenn in Ihrem Google-Konto eine Kreditkarte oder ein Bankkonto eingerichtet ist. Mit dem Kamerasymbol können Sie Ihrer E-Mail Bilder hinzufügen - entweder als Anhang oder in der E-Mail selbst. Als Nächstes können Sie mit dem Kettengliedsymbol Ihrer E-Mail Links hinzufügen. Wenn Sie eine vollständige Website-Adresse wie www.google.com eingeben, erkennt Google Mail den Link und sendet ihn als solchen. Schließlich können Sie auch Google-Emoticons mithilfe des Smiley-Gesichtssymbols einfügen.

Google Mail speichert Entwurfsnachrichten automatisch für Sie. Wenn Sie versehentlich eine Nachricht schließen, an der Sie gerade arbeiten, finden Sie sie sicher und zuverlässig in Ihrem Entwurfsordner auf der linken Seite. Wenn Sie jedoch entscheiden, dass Sie einen Nachrichtenentwurf nicht speichern möchten, verwenden Sie das Papierkorbsymbol in der unteren rechten Ecke des Fensters "Neue Nachricht", um ihn zu löschen.

Inbox (3)

Starred

Sent Mail

Drafts

More ▼

Der Abwärtspfeil in der unteren rechten Ecke des Fensters "Neue Nachricht" bietet Ihnen einige weitere Optionen zum Verwalten Ihrer Nachricht. Die vielleicht nützlichste ist die Rechtschreibprüfung, aber es ist auch gut zu wissen, wie man einen Entwurf druckt oder ihn im Vollbildmodus verschickt. Wir sprechen in einer Minute über das Thema Labels.

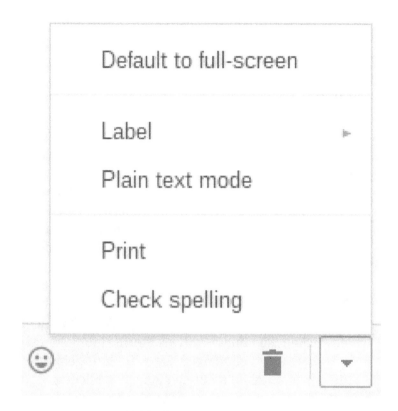

E-Mail managen

Google Mail macht es Ihnen heutzutage außerordentlich einfach, mit der täglichen Flut eingehender Nachrichten umzugehen. Die unten abgebildete Symbolleiste wird oben in jeder E-Mail angezeigt und zeigt Ihnen auch, wenn E-Mails im Posteingang oder in einem Ordner ausgewählt werden.

Wenn Sie mit einer Nachricht fertig sind, können Sie sie entweder aus der geöffneten Nachricht heraus löschen oder indem Sie auf das Kontrollkästchen neben der E-Mail in Ihrem Posteingang klicken und dann auf das Papierkorbsymbol klicken. Google Mail macht es Ihnen jedoch dank der Archivierungsfunktion einfach, Nachrichten aus Ihrem Posteingang zu holen, wodurch die Unordnung verringert wird, ohne das Sie tatsächlich etwas löschen müssen. Die Schaltfläche "Archivieren" ist das erste Symbol in der Google Mail-Symbolleiste. Wenn Sie eine Nachricht archivieren, verschwindet sie aus Ihrem Posteingang, jedoch nicht aus Ihrem Konto. Sie können jederzeit mithilfe der Google Mail-Suchleiste oben im Google Mail-Bildschirm danach suchen.

Natürlich ist die Archivierung manchmal nicht nuanciert genug, und hier kommen Favoriten und Labels ins Spiel. Um eine E-Mail zu einem Favoriten zu schreiben, klicken Sie einfach auf das Sternsymbol daneben. Sie können so zu allen markierten E-Mails gelangen, indem Sie im linken Menü auf Markiert klicken.

Etiketten sind eine einfache Möglichkeit, Ihre E-Mails zu kategorisieren. Sie können im linken Menü beliebig viele benutzerdefinierte Beschriftungen hinzufügen. Klicken Sie einfach im linken Menü auf Mehr und dann unten auf Neues Etikett erstellen.

COMPOSE

Sent Mail

Drafts

Less ▲

Important

Chats

All Mail

Spam

Trash

▼ Categories

  ≛ **Social (1)**

  ◈ Promotions

  ❶ Updates

  ◑ Forums

  Manage labels

  Create new label

Um eine Beschriftung (oder Beschriftungen) auf
eine Nachricht anzuwenden, klicken Sie in der oberen

Symbolleiste auf das Beschriftungssymbol. Ein Dropdown-Menü wird angezeigt, in dem Sie sich eine Liste aller vorhandenen Labels anzeigen lassen. Klicken Sie auf eine Liste, um sie anzuwenden, oder geben Sie eine neue Bezeichnung in das Feld ein, um die Liste einzurichten und der Nachricht hinzuzufügen.

Kontakte

Möglicherweise haben Sie bemerkt, dass Chromebook keine spezifische Kontakt-App enthält. Dies liegt daran, dass mit Google Mail und Google+ keine wirkliche Notwendigkeit dafür besteht. Google Mail selbst ist ein hervorragender Kontaktmanager, und Google+ bietet zusätzliche Kontaktfunktionen an.

Klicken Sie zum Verwalten von Kontakten in Google Mail auf den roten Google Mail-Text in der oberen linken Ecke. Um ein Dropdown-Menü anzuzeigen, gehen Sie zur Ansicht und wechseln Sie auf "Kontakte" oder "Aufgaben". Alle Ihre Google+ Kontakte werden automatisch hinzugefügt, Sie können jedoch auch Informationen und Personen hinzufügen, die nicht von Google + stammen. Um einen neuen Kontakt manuell hinzuzufügen, klicken Sie auf die rote Schaltfläche Neuer Kontakt.

NEW CONTACT

Sie können dann Namen, Bilder, E-Mails, Telefon-
nummern und Adressen hinzufügen - im Grunde genommen so viele oder so wenig Informationen, wie Sie
möchten. Um ein anderes Feld statt des angezeigten
Felds hinzuzufügen, klicken Sie einfach auf die Schaltfläche Hinzufügen unter den Texteingabefeldern. Es
gibt eine große Auswahl!

Chat/Anrufe

Sie können Chats starten und Anrufe in Google Mail
selbst initiieren. Ganz unten im linken Menü sehen Sie
drei Symbole: Hangouts, Chats und Telefonanrufe.

Klicken Sie auf die einzelnen Kontakte, um alle Kontakte anzuzeigen, für die diese Funktionen aktiviert waren. Sie können einen Hangout (Googles Skype-ähnlicher Videoanrufdienst, auf den später in Teil 3.8 näher eingegangen wird), einen textbasierten Chat oder einen Telefonanruf starten, indem Sie auf den Namen eines Kontakts klicken.

Aufgaben (Tasks)

Ähnlich wie bei Microsoft Outlook enthält Google Mail eine Aufgabenliste. Sie können Ihrer Aufgabenliste Elemente hinzufügen, neue Listen hinzufügen und Deadlines festlegen. Es handelt sich um einen sehr einfachen Task-Manager, aber wie alles andere in Google Mail ist er von jedem Computer aus mit einem Internetbrowser zugänglich.

YOUTUBE

Wir können uns das moderne Internet ohne YouTube nicht vorstellen. YouTube ist sehr eng in Ihrem Google-Konto integriert, sodass Sie sich beim Öffnen der YouTube-App automatisch anmelden können.

Watching Videos

Das offensichtlichste, was Sie vermutlich mit der YouTube-App tun möchten, ist Streaming-Videos online anschauen. Das ist einfach und macht extrem süchtig! Sie können mithilfe der YouTube-Suchleiste oben auf der YouTube-App-Webseite nach Videos suchen oder die darin enthaltenen Videos durchsuchen.

Wenn Sie ein Video gefunden haben, das Sie ansehen möchten, klicken Sie einfach in der Suchergebnisliste darauf. So wird das Video abgespielt. Beachten Sie, dass viele beliebte YouTube-Videos und / oder Videos, die urheberrechtlich geschütztes Material wie Songs verwenden, möglicherweise eine Werbeanzeige abspielen, bevor das Video gestartet wird. Versuchen Sie davon nicht genervt zu sein - so bleibt YouTube kostenlos und voller lustiger Parodien, Remixe und Neuinterpretationen, die viel Spaß beim Anschauen machen!

In der unteren linken Ecke des YouTube-Player-Fensters befinden sich Mediensteuerelemente, mit denen Sie das Video anhalten, die Lautstärke steuern und die verstrichene und verbleibende Zeit anzeigen können. In der unteren rechten Ecke finden Sie einige zusätzliche Funktionen, darunter (von links nach rechts) Später ansehen, Einstellungen (wo Sie die Geschwindigkeit und Qualität der Videowiedergabe je nach System und Verbindungsgeschwindigkeit anpassen können), Kinomodus und Vollbild. Der Kinomodus befindet sich auf halbem Weg zwischen der normalen

YouTube-Anzeige und dem Vollbildmodus. Probieren Sie ihn aus, um festzustellen, ob er für Sie geeignet ist. Vollbild ist natürlich der beste Weg, um Ihren Computer dazu zu bringen, einen Fernseher nachzuahmen.

Rechts neben dem Videoplayer wird eine Liste ähnlicher Videos angezeigt. Dies ist großartig, wenn Sie sich mit einem der Millionen von YouTube-Memes amüsieren wollen (Lyrikmusikvideos, lustige Musikvorschläge für Filme und Sharky the Pit Bull sind einige meiner klassischen Favoriten).

Sie können ein Video mit den Daumen nach oben oder unten drücken oder kommentieren, um die sozialen Funktionen von YouTube zu nutzen. Scrollen Sie nach unten, um die Kommentare unter dem Player anzuzeigen. Wir werden Ihnen die Wahrheit sagen.

YouTube-Kommentare können... gemein sein. Wir bitten im Namen einer besseren Internet-Zukunft darum, dass Sie 1) die Trolle nicht füttern und 2)sich nicht wie ein Troll verhalten, sofern Sie die YouTube-Kommentare nutzen wollen! Trolle sind Internetnutzer, die entzündliche und häufig äußerst beleidigende Dinge sagen, um eine Reaktion auszulösen, und Sie werden wahrscheinlich mit Ihnen zusammenstoßen, wenn Sie viel Zeit auf der Website verbringen.

Account Funktionen

YouTube bietet Ihnen mehr als nur das Stöbern und Ansehen von Online-Videos. Mithilfe Ihres Google-Kontos können Sie Wiedergabelisten mit YouTube-Videos erstellen, Kanäle anderer Benutzer abonnieren, auf eine Liste Ihrer zuletzt angesehenen Videos zugreifen und eine Liste zum "Später ansehen" erstellen, wenn Sie gerade kein 20 Minuten Zeit haben, Dokumentarfilm über die städtische Bienenzucht aber spannend finden, können Sie diese hier für später speichern. Alle diese Optionen finden Sie im YouTube-Menü links neben dem Hauptinhaltsbereich. Sie können auf die Menüschaltfläche neben dem YouTube-Logo in der oberen linken Ecke klicken, um diese zusätzlichen Funktionen nach Bedarf auszublenden und anzuzeigen.

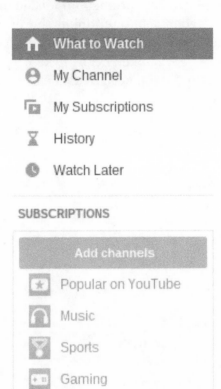

Um einen YouTube-Kanal zu abonnieren, finden Sie den Eigentümer des Kanals auf einer Seite mit dessen

Video oder suchen Sie ihn mithilfe der Youtube Suchleiste, sofern Sie den Namen bereits kennen. Klicken
Sie dann auf der Profilseite auf die rote Schaltfläche
"Abonnieren". Sie finden so neue Inhalte dieses Benutzers unter "Abonnements" im YouTube-Menü.

Um eine Wiedergabeliste mit YouTube-Videos zu
erstellen, klicken Sie auf der Seite mit dem Video unter
dem Namen des Erstellers auf "Hinzufügen zu". Bevor
Sie diese Funktion jedoch nutzen können, müssen Sie
Ihr Google+ Profil und Ihre YouTube-Kanalseite einrichten. Wenn Sie zum ersten Mal auf Hinzufügen klicken, werden Sie aufgefordert, alles einzurichten,
sofern Sie dies zuvor noch nicht getan hatten.

+ Add to   < Share   ••• More

Videos hochladen
Wenn Sie Ihre eigenen Videos auf YouTube hochladen möchten, klicken Sie einfach auf die Schaltfläche "Hochladen" in der oberen rechten Ecke.

Sie müssen Ihr Google+ Profil und Ihre YouTube-Kanalseite einrichten, bevor Sie sie hochladen können. Danach können Sie Ihre Videos problemlos hochladen und freigeben. Videos können privat sein oder nur mit bestimmten Personen geteilt werden. Sie können auch die öffentlichen Kommentare aktivieren oder deaktivieren, abhängig von Ihren Vorlieben.

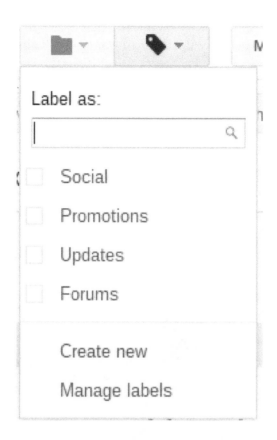

Sie können im linken Menü auf Ihre Beschriftungen klicken, um alle unter einem Namen kategorisierten Nachrichten anzeigen zu lassen. Sie können auch in der Google Mail-Suchleiste nach Labels suchen.

TASCHENRECHNER

Die Rechner-App ist ein einfaches Dienstprogramm und ein seltenes Beispiel für eine App, die nicht in einem Chrome-Fenster geöffnet wird. Sie führt grundlegende Berechnungen durch - nicht mehr und nicht weniger. Es ist aber natürlich praktisch, einen Taschenrechner zu haben, der außerhalb aller anderen Chrome-Registerkarten und -Fenster angezeigt wird. Wenn Sie diesen immer wieder verwenden, sollten Sie ihn an das Regal Ihres Chromebooks anheften.

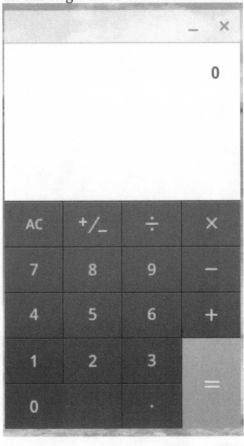

KAMERA

Die meisten Chromebook-Geräte verfügen mindestens über eine nach vorne gerichtete Kamera, und die Kamera-App ist Ihre Anlaufstelle für Chromebook- oder Slate-Selfie-Zwecke. Die Kamera-App enthält mehrere Filter, mit denen Sie Ihren Fotos lustige (und manchmal auch lächerliche) Effekte hinzufügen können, eine Stoppuhr oder eine Spiegelung, die ein Bild so umdreht, das es mit dem übereinstimmt, was Sie im Spiegel sehen. Es handelt sich um eine einfache App mit einer Funktion, aber sie ist großartig, wenn Sie einen schnellen Schnappschuss für ein Profilbild oder eine Nachricht benötigen.

CHROME REMOTE DESKTOP

Chrome Remote Desktop (CRD) funktioniert ähnlich wie Windows Remote Desktop und Apple Remote Desktop. Grundsätzlich können Sie damit einen anderen Computer oder ein anderes Gerät aus der Ferne anzeigen und steuern. Dies ist unglaublich hilfreich für IT-Experten (Instructional Technology) und um Hilfe mit Ihrem Betriebssystem zu erhalten.

Damit Chrome Remote Desktop funktioniert, muss auf beiden Maschinen die CRD-App ausgeführt werden, die in Chrome unter jedem Betriebssystem installiert werden kann, solange der Google Chrome-Browser installiert ist. Um eine Verbindung herzustellen, muss der Remote-Benutzer die CRD-App öffnen und auf Freigeben klicken. Dadurch wird ein Zugangscode generiert, den der Remote-Benutzer Ihnen gibt. Geben Sie den Zugangscode in CRD auf Ihrem

Chromebook ein, und Sie können den Remote-Compu-
ter so ansehen und steuern.

GOOGLE+ FOTOS

Die Google+ Fotos-App ist der Fotomanager Ihres
Chromebooks. Sie funktioniert nicht ganz anders als
das iPhoto von Apple, aber ist sehr eng in Google+ integriert, ob das nun gut oder schlecht ist. Mit Google+
Fotos können Sie Ihre Fotos konsolidieren, organisieren und sogar über Google+ freigeben.

Öffnen Sie zunächst die App über die Schaltfläche
Apps. Sie müssen sich bei Google+ anmelden, wenn Sie
dies noch nicht getan haben. Von dort aus können Sie
Fotos aus Ihrem Google+ Konto, Ihrem Chromebook
oder Google Drive importieren, indem Sie oben rechts
auf die Schaltfläche Fotos hinzufügen klicken. An-
schließend können Sie Ihre Fotos in Alben

organisieren, über Google+ freigeben, löschen oder in Ihrem Chromebook oder Ihrem Google Drive-Konto speichern.

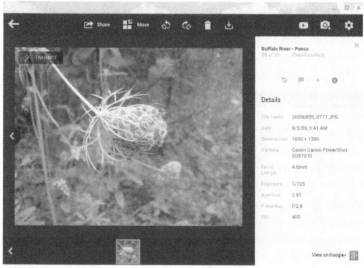

Die Foto-App bietet die Möglichkeit, das Foto mit dem Werkzeug "Verbessern" zu drehen und / oder zu verbessern, dies wird angezeigt, wenn Sie mit der Maus über das Foto fahren. Dies ist eher eine automatische Korrektur, als eine Reihe manueller Funktionen. Für ernsthafte Fotobearbeitungsvorhaben empfehlen wir Pixlr Editor oder eine andere Foto-App aus dem Web Store.

GOOGLE KEEP

Google Keep (Dinge mit Google behalten) ist eine Notizen-App, die mit Produkten wie Microsoft One-Note oder Evernote konkurrieren soll. Sie können Notizen und Erinnerungslisten hinzufügen, die mit der

Online-Version von Keep at keep.google.com synchronisiert werden. Es gibt auch eine Android-App, die Sie für Ihr Smartphone oder Tablet herunterladen können.

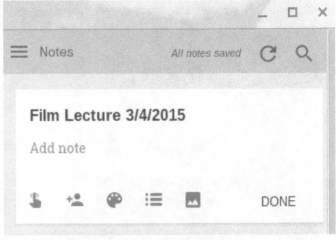

Notizen in Keep können Listen und Bilder enthalten und Sie können sie für andere freigeben. Dies bietet Ihnen eine praktische Möglichkeit, sich selbst zu organisieren, und ist eine schnelle Notizen-App für Zeiten, sollten Sie nicht allen Schnickschnack von Google Text & Tabellen benötigen.

GOOGLE MAPS UND GOOGLE MY MAPS
Google Maps ist unserer Meinung nach der beste kostenlose Online-Kartendienst den es gibt und direkt in Ihr Chromebook integriert.

Um Google Maps zu verwenden, geben Sie die Adresse, den Namen der Stadt oder des Ortes (Das Haus am Felsen, der Yellowstone National Park usw.) in das Suchfeld in der oberen linken Ecke ein. Von dort aus können Sie eine Wegbeschreibung zu dieser Adresse erhalten, indem Sie auf Wegbeschreibung klicken, oder Sie können den Ort zum späteren Nachschlagen speichern. Im obigen Beispiel können Sie sehen, dass Google Maps auch Bewertungen und Kontaktinformationen für uns abgerufen hat, da wir nach einem beliebten Touristenziel gesucht haben.

In der unteren linken Ecke sehen Sie ein Feld mit der Bezeichnung Erde. Durch Klicken auf dieses Feld wird Google Earth umgeschaltet - ein wunderschöner Satellitenmodus, mit dem Sie eine fotografische Luftaufnahme Ihres kartierten Bereichs erhalten. Sie können in den Kartenmodus zurückkehren, indem Sie auf das Kartenquadrat in der unteren linken Ecke klicken.

In der unteren rechten Ecke des Bildschirms finden Sie einige Steuerelemente zum Anpassen Ihrer Google Maps-Erfahrung. Die Schaltfläche Ziel ist eine Verknüpfung zu Ihrem aktuellen Standort. Klicken Sie darauf, um eine Karte Ihrer unmittelbaren Umgebung zu erhalten. Darunter können Sie mit den Tasten + und - hinein- und herauszoomen. Sie können sogar bis auf eine Planetenansicht herauszoomen, wenn Sie möchten!

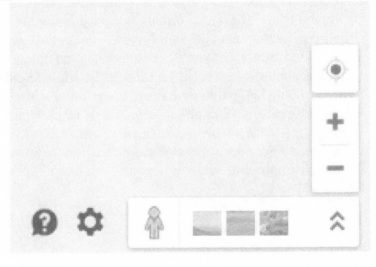

Der kleine gelbe Mann im Kontrollbereich ist der
Google Streetview-Betreiber. Ziehen Sie ihn aus diesem Menü an eine Stelle auf der Karte, um Streetview
aufzurufen. Streetview bietet eine großartige Möglichkeit, ein Stadtviertel zu erkunden oder die Welt ein
wenig zu durchwandern. Der Screenshot unten zeigt
den Blick unter dem Eiffelturm.

Google My Maps

Die Google My Maps-App hat einen verwirrenden
Namen, ist jedoch äußerst nützlich, wenn Sie jemals
eine Wegbeschreibung mit einer großen Gruppe von
Personen teilen müssen. Grundsätzlich handelt es sich
um Google Maps, welches jedoch leicht verändert
wurde, sodass Benutzer Karten in Google Drive speichern und Datenebenen in die Kartenoberfläche importieren können. Beispielsweise haben Sie
möglicherweise eine Tabelle mit Adressen, die Sie hinzufügen möchten. Sie können auch Ortsmarken hinzufügen und ihnen Ihre eigene Beschreibung geben oder

Linien zeichnen oder Google Maps-Routen und -Richtungen hinzufügen. Sobald Ihre benutzerdefinierte Karte vollständig ist, können Sie sie über einen generierten Link freigeben, der kopiert und eingefügt werden kann, wo auch immer Sie ihn benötigen, oder über E-Mail, Google+, Facebook und Twitter. Dies ist eine sehr praktische Funktion um Einladungen oder Webseiten zu benutzen.

GOOGLE FORMS

Google Forms (Google Formulare) ist ein Formulargenerator, der eng mit Google Sheets zusammenarbeitet. Wenn Sie Survey Mon-Key schon einmal verwendet haben, sollten Sie sich mit den Formularen wie zu Hause fühlen. Ihre Formularfragen können Multiple-Choice-Fragen, Text, Kontrollkästchen, Skalen, Raster, Datums- und Uhrzeitangaben enthalten. Sie können beliebig viele Antworten geben, wie Sie möchten. Sobald Ihr Formular ausgefüllt ist, können Sie Personen auffordern, es über eine URL oder über E-Mail-Einladungen auszufüllen. Ihre Antworten werden zur Analyse automatisch in einer Google Sheets-Tabelle aufgezeichnet (Sie können diese Option jedoch deaktivieren, wenn Sie aus irgendeinem Grund alle Antworten in der Forms-App behalten möchten).

Board Meeting in March

Form Description

Question Title	Which of the following dates can you attend a board meeting?
Help Text	Choose as many dates as you like.
Question Type	Multiple choice ▾ Go to page based on answer

March 7

March 21

March 28

or Add "Other"

▸ Advanced settings

Done   ✓ Required question

GOOGLE DRAWINGS

Mit der Google Drawings-App (Googles Zeichnen-App) können Sie Bilder erstellen und mit Anmerkungen versehen. Sie können auch Textfelder, Formen und Linien einfügen. Das Freiform-Zeichenwerkzeug heißt Scribbles und befindet sich unter Einfügen> Linie. Google Drawings sollten nicht mit Giganten wie Photoshop oder Illustrator verglichen werden. Dessen engster Verwandter ist wahrscheinlich Microsoft Paint. Natürlich werden alle Zeichnungen, die Sie in Drawings erstellen, in Drive gespeichert, sodass Sie sie ganz einfach in andere Drive-Apps wie Google Slides oder Google Docs einfügen können.

PLAY MUSIC, PLAY BOOKS, UND PLAY MOVIES

Mit diesen drei Medien-Apps können Sie Musik, Bücher und Filme genießen, die Sie im Google Play Store und an anderer Stelle auf Ihrem Chromebook gekauft haben.

Play Music

Die Play Music App enthält ein optionales Abonnement, mit dem Sie ohne Werbung auf Millionen von Streaming-Songs zugreifen können. Erstbenutzer erhalten in der Regel eine Art kostenloses Testangebot, danach kostet es 9,99 USD pro Monat.

Wenn Sie sich für die Standardversion von Play Music entscheiden, haben Sie die Möglichkeit, Ihre Musik von anderen Quellen aus, einschließlich iTunes, hochzuladen. Dazu müssen Sie möglicherweise von dem Gerät, auf dem sich Ihre Musik befindet, zu Google Play Music navigieren, dieses Gerät ist wahrscheinlich nicht Ihr Chromebook mit seinem relativ geringem Arbeitsspeicher. Sobald Sie Ihre Bibliothek hochgeladen haben (von einem beliebigen Ort aus), können Sie sie jedoch über Play Music auf Ihrem Chromebook und den meisten anderen Geräten streamen, indem Sie die Play Music-App installieren. Sie können bis zu 50.000 Songs kostenlos hochladen.

Play Books

Play Books ist eine E-Book-App, die zur Hälfte aus Bücherregalen und zur Hälfte aus Buchgschäften besteht. Oben in der Play Books-App werden zwei Links angezeigt: "Meine Bücher" und "Bücher Shop". Alle Bücher, die Sie über den Shop-Link (oder über den Google Play Store auf einem anderen Computer) gekauft haben, werden unter "Meine Bücher" angezeigt. Der Kauf von Büchern ist identisch mit dem Kauf von Apps oder Erweiterungen. Wenn Sie noch keine Kreditkartennummer bei Google gespeichert haben, werden Sie aufgefordert, eine einzugeben. Natürlich gibt es im Play Store eine Reihe von Klassikern und anderen kostenlosen Titeln, sodass Sie kein Geld ausgeben müssen, wenn Sie nicht möchten!

Alle Bücher, die Sie über Play Books kaufen, sind auch auf Ihrem Android-Smartphone oder -Tablet verfügbar und die Play Books-App sorgt dafür, dass alles synchron bleibt. Dies bedeutet, dass unabhängig davon, mit welchem Gerät Sie lesen, Ihr aktueller Lesevorgang genau dort geöffnet wird, wo Sie aufgehört haben.

Play Movies

Mit der Play Movies-App können Sie Filme und Fernsehsendungen genießen, die Sie über den Google Play Store gekauft haben. Genau wie die Play Books-App enthält Play Movies einen Shop-Link, über den Sie Streaming-Videos zum Ansehen finden.

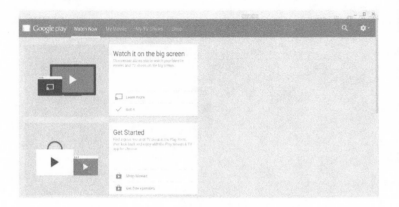

Google Play-Filme und Fernsehsendungen können gekauft (Sie können sie beliebig oft streamen) oder ausgeliehen (So können Sie sie nur während eines bestimmten Zeitraums streamen) werden. Im Play Store gibt es oft ziemlich gute Angebote - zum Zeitpunkt des Schreibens war Star Trek beispielsweise in HD für nur 4,99 US-Dollar erhältlich.

GOOGLE KALENDAR
Google Kalender ist ein großartiges Kalendertool, insbesondere weil es so weit verbreitet ist und in eine Vielzahl anderer Kalendersysteme importiert werden kann. Es ist einfach zu bedienen, über

google.com/calendar auf jedem Computer mit einem Webbrowser verfügbar und benachrichtigt Sie über bevorstehende Ereignisse, sodass Sie nichts verpassen.

Ein neues Kalendar Event hinzufügen
Um ein neues Ereignis zu Google Kalender hinzuzufügen, klicken Sie oben links auf die rote Schaltfläche Erstellen.

Geben Sie so viele oder so wenig Informationen über Ihre Veranstaltung ein, wie Sie benötigen. Beachten Sie, dass Google Kalender über einige leistungsstarke Zeitverwaltungsfunktionen verfügt, mit denen Sie den Überblick behalten können. Sie werden mit einem von Ihnen gewählten Zeitvorsprung über Ihre Veranstaltung benachrichtigt. Sie können auch wiederkehrende Ereignisse festlegen, indem Sie auf das Kontrollkästchen „Wiederholen" klicken.

Kalendar hinzufügen und teilen

Das Google Kalender-System bietet Ihnen die Möglichkeit, mehrere Kalender einzurichten. Vielleicht möchten Sie einen persönlichen Kalender und zusätzlich einen gemeinsamen Familienkalender oder einen Teamprojektkalender haben. Um einen neuen Kalender hinzuzufügen, klicken Sie im linken Menü auf den nach unten zeigenden Pfeil rechts neben der Überschrift Meine Kalender. Dadurch gelangen Sie zum Einrichtungsbildschirm für den neuen Kalender. Im unteren Bereich sehen Sie Optionen zum Steuern der Privatsphäre Ihres Kalenders und zum Einladen von Personen zum Anzeigen und / oder Hinzufügen zum Kalender.

Kalendar verstecken

Wir haben festgestellt, dass es sehr einfach ist, sich für Kalender zu begeistern, und dann stellen Sie fest, dass Sie in Kalendar-Einträgen ertrinken. Glücklicherweise ist es einfach, Kalender vorübergehend auszublenden, um Ihre Ansicht zu bereinigen. Um einen

Kalender auszublenden, klicken Sie einfach auf das kleine farbige Quadrat neben seinem Namen in der Meine Kalender Liste. Dadurch wird nichts gelöscht, aber alle mit diesem Kalender verknüpften Ereignisse werden ausgeblendet, sodass Sie sich auf die Ereignisse konzentrieren können, die Ihre Aufmerksamkeit erfordern.

[7]

PERSONALISIEREN SIE IHRE NUTZEREINSTELLUNGEN

Dieses Kapitel beschreibt:
- Das Erscheinungsbild verändern
- Gerät
- Suchen
- Menschen
- Datum und Zeit
- Privatsphäre
- Web Inhalte
- Sprachen
- Downloads
- HTTPS/SSL Zertifikat
- Google Cloud Druck
- Startup

- Zugänglichkeit
- Powerwash und Zurücksetzen
- Überwachte Accounts
- Troubleshooting (Problemerkennung)

Wenn Sie die Uhr bereits haben, können Sie direkt mit dem nächsten Kapitel fortfahren. Ist das nicht lächerlich einfach?! Dieses Kapitel ist nur für Leser gedacht, die auf die verschiedenen verfügbaren Uhren neugierig sind.

Die Apple Watch gibt es in verschiedenen Ausführungen. In diesem Abschnitt werden verschiedene Möglichkeiten beschrieben, wie Sie Ihr Chromebook an Ihre individuellen Bedürfnisse und Ihre Persönlichkeit anpassen können. Es gibt einige nützliche Verbesserungen für Chromebook, und wir werden Sie hier durch alle führen. Wir zeigen Ihnen auch, wie Sie Benutzerkonten auf Ihrem Chromebook verwalten können, einschließlich der Verwaltung von Kinderkonten, und geben Ihnen einige Tipps für die Fehlerbehebung und die Suche nach Hilfe.

Klicken Sie zum Öffnen Ihrer Chromebook-Einstellungen auf den Bildschirmbereich, in welchem die Uhrzeit, die drahtlose Verbindung, der Akku und Ihr Profilbild in der unteren rechten Ecke angezeigt werden. Klicken Sie dann auf Einstellungen. Wir werden jede Überschrift untersuchen, die auf diesem Bildschirm angezeigt wird.

DAS ERSCHEINUNGSBILD VERÄNDERN

Die Überschrift "Darstellung" in den Einstellungen behandelt das Erscheinungsbild Ihres Chromebooks. Hier können Sie Ihr Desktop-Hintergrundbild auf ein benutzerdefiniertes Bild festlegen, indem Sie auf Hintergrundbild festlegen klicken. Daraufhin wird ein Dialogfeld geöffnet, in dem Sie in Ihrem Chromebook nach der Bilddatei suchen können, die Sie verwenden möchten. Sie können auch auf die Schaltfläche Themen abrufen klicken, um zum Bereich Themen des Chrome Web Store zu gelangen. Themen fügen Ihrem Chrome-Fenster eine Grafikebene hinzu - ein Bild oder eine Farbe für neue Registerkartenfenster sowie Farben und Designs für den Menübereich. Es stehen zahlreiche unterhaltsame Themen zur Auswahl. Wenn Sie Ihre Meinung zu einem dieser Themen ändern, können Sie jederzeit auf Auf Standardthema zurücksetzen klicken, um zum ursprünglichen Erscheinungsbild von Chrome zurückzukehren.

Appearance

| Set wallpaper... | Get themes | Reset to default theme |

☑ Show Home button
  gadchick.com/ Change
☐ Always show the bookmarks bar

Sie können hier auch eine Homepage einrichten, wenn Sie möchten. Klicken Sie zunächst auf die Schaltfläche "Startseite anzeigen", um Chrome anzuweisen, die Schaltfläche "Startseite" in Ihrem Chrome-Browser als spezielle Verknüpfung zu Ihrer Startseite einzustellen. Klicken Sie auf Ändern, um eine neue Startseite hinzuzufügen. Dies ist die Seite, die jedes Mal angezeigt wird, wenn Sie Chrome öffnen.

Schließlich können Sie auch hier die Lesezeichenleiste in Chrome anzeigen lassen.

GERÄT

Die Überschrift "Gerät" ist ein ziemlich wichtiger Bereich für Einstellungen, auch wenn es sich um ein kleines Problem handelt. Es gibt einige wirklich nützliche Optionen und Funktionen, die hier versteckt sind.

Device

Change settings specific to your device and peripherals.

| Battery... | Stored data... |

Touchpad speed:

| Touchpad settings | Keyboard settings | Display settings |

Zunächst können Sie einen Blick auf die Verwendung Ihrer Batterie werfen, indem Sie auf die Schaltfläche "Batterie" klicken. Dies biete eine großartige Möglichkeit, die Akkulaufzeit Ihres Chromebooks bei Bedarf noch weiter zu maximieren. Schließen Sie einfach die Apps, die am meisten Saft aufsaugen.

Die Schaltfläche "Gespeicherte Daten" bietet außerdem einen faszinierenden Einblick in die

Funktionen von Chrome für jede Seite und App, die Sie besuchen oder verwenden. Lesen Sie zum Beispiel, was unser Chrome-Buch über weather.com zu sagen hat.

Site settings

■ http://www.weather.com/

| 1,112 KB stored data | Clear |
| 0% of battery | Stop |

Permissions

Knows device location	Ask ▼
Shows notifications	Ask ▼
Uses camera and microphone	Ask ▼
Stores data	Allow ▼
Automatic downloads	Ask ▼

Wir können sehen, wie viele Daten von dieser Webseite auf unserer Festplatte gespeichert werden (in diesem Fall nicht sehr viel) und wie viel von der Batterie verwendet wird. Derzeit läuft die Anwendung nicht, daher werden 0% unserer Batterie benötigt. Dann können wir eine ziemlich umfangreiche Liste von Berechtigungen für die Seite ansehen und sie nach Belieben ändern. In diesem Beispiel möchten wir dieser Webseite möglicherweise erlauben, den Standort unseres Chromebooks zu kennen, damit wir immer das Wetter an unserem aktuellen Standort wissen.

Unter dem Akku und den gespeicherten Daten finden Sie einige Optionen zum Konfigurieren Ihres

Touchpads, Ihrer Tastatur und Ihres Displays. Sie können die Geschwindigkeit Ihres Touchpads mithilfe des
Schiebereglers an die Ihrer Finger anpassen und die
Richtung ändern, in die sich die Seite bewegt, wenn Sie
scrollen. Sie können auch das Tippen zum Klicken aktivieren oder deaktivieren. Durch das Klicken auf die
Tastatur können Sie die zuvor in diesem Buch er-
wähnte Verknüpfungsanzeige aufrufen und das Verhalten bestimmter Tastaturtasten ändern, wenn Sie
möchten, genauer gesagt das von Suchen, STRG und
ALT.

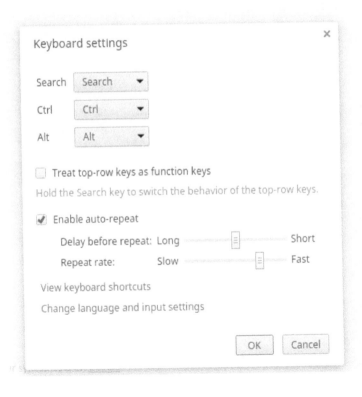

SUCHEN

Eines unserer Lieblingsmerkmale bei Google-Produkten ist deren Flexibilität. Es liegt auf der Hand, dass das proprietäre Google-Betriebssystem, das auf dem Browser von Google basiert, die Nutzer auf die Google-Suchmaschine für die Chrome-Omnibox beschränken würde. Dies trifft jedoch nicht zu. Unter der Überschrift "Suchen" können Sie die Suchmaschine von Chrome in "Yahoo! Bing", "Ask" oder "AOL" umändern.

Search

Set which search engine is used when searching from the omnibox.

Google ▼ | Manage search engines...

Über die Schaltfläche Suchmaschinen verwalten werden zusätzliche Suchmaschinen gefunden, z. B. die YouTube-Suche. Sie können diese hochspezifischen Suchanfragen als Omnibox-Standard hinzufügen, wenn Sie möchten (für die meisten Benutzer empfehlen wir jedoch, bei einer allgemeinen internetweiten Suchmaschine zu bleiben).

MENSCHEN

Unter der Überschrift Personen können Sie zwei wichtige Aufgaben ausführen. Zunächst können Sie verwalten, welche Aspekte Ihres Chromebooks mit Ihrem Google-Konto synchronisiert werden, indem Sie auf Erweiterte Synchronisierungseinstellungen klicken. Standardmäßig ist alles ausgewählt, aber Sie können es nach Bedarf anpassen. Sie können auch festlegen, wie Google Chrome Ihre Daten verschlüsseln soll.

Die andere Funktion unter "Personen" ist die Möglichkeit, Anmeldungen auf Ihrem Chromebook zu verwalten. Es kann sich mehr als ein Google-Nutzer anmelden, und Sie können andere Benutzer nach Bedarf verwalten. Sie können entscheiden, ob ein Gastkonto und beaufsichtigte Benutzer aktiviert werden sollen (worauf wir in Kürze näher eingehen werden) und ob die Anmeldung auf bestimmte Benutzer beschränkt werden soll oder nicht. Sie können hier auch Benutzer zu Ihrem Chromebook hinzufügen.

At this point, you'll need to click Show Advanced
Settings to see the rest of the Chrome settings menu!

DATUM UND UHRZEIT

Abgesehen von der Möglichkeit, Ihre Zeitzone zu
ändern und die Systemuhr auf 24-Stunden-Zeit umzu-
stellen, gibt es hier nicht viel zu erklären. Chrome
stellt Datum und Uhrzeit automatisch basierend auf
Ihrer Zeitzone ein.

Date and time

Time zone: (UTC-6:00) Central Standard Time (Chicago) ▼

☐ Use 24-hour clock

Date and time are set automatically.

PRIVATSPHÄRE

Mit Ihren Datenschutzeinstellungen können Sie be-
stimmen, wie viele Informationen Ihr Chromebook mit
dem Rest der Welt teilt. Google verwendet eine Reihe
von Prognosediensten, um Seiten schnell zu laden und
Sie dahin zu bringen, wo Sie hin möchten. Möglicherweise möchten Sie jedoch nicht, dass alle Menschen
auf Ihre persönlichen Informationen zugreifen können, oder nach Begriffen für Suchmaschinen suchen
usw. suchen. Um diese Dienstleistungen zu deaktivieren, heben Sie deren Auswahl unter der Überschrift
Datenschutz auf.

Die Schaltfläche "Inhaltseinstellungen" enthält verschiedene Chrome-Optionen, z. B. Popup-Blockierung,
Standortverfolgung, JavaScript-Einstellungen, automatische Downloads und mehr. Die meisten dieser

Einstellungen enthalten eine Schaltfläche zum Verwalten von Ausnahmen. Wenn Sie im Internet surfen, werden Sie von Chrome gefragt, ob Sie diese Ausnahmen nutzen möchten. Wenn Chrome beispielsweise ein Popup blockiert, werden Sie über die Aktion informiert und gefragt, ob Sie Popups einmal oder immer für diese Seite zulassen möchten. Sie können diese Ausnahmen später widerrufen, sofern dies in den Inhaltseinstellungen erforderlich ist.

Im Allgemeinen empfehlen wir, diese Einstellungen mit ihren Standardeinstellungen zu belassen, da wir der Meinung sind, dass ein ausgewogenes Verhältnis zwischen Endbenutzerschutz und

Benutzerfreundlichkeit besteht. Trotzdem müssen Sie gelegentlich den Popup-Blocker ausschalten oder eine andere dieser Einstellungen anpassen, und es ist gut zu wissen, wo sie im Zweifelsfall zu finden sind.

WEB INHALTE

Mit den Einstellungen für Webinhalte können Sie die Standardschriftgröße und den Seitenzoom für Webseiten ändern. Sie können auch auswählen, welche Art von Schriftart Chrome standardmäßig anzeigen soll.

SPRACHEINSTELLUNGEN

Über die Überschrift Sprachen können Sie automatische Übersetzungsangebote ein- und ausschalten. Sie können die Sprachen, die Sie mit Chromebook verwenden möchten, auch verwalten, indem Sie auf die Schaltfläche Sprache und Eingabeeinstellungen klicken. Sie können mehrere hinzufügen, indem Sie auf die Schaltfläche Hinzufügen in der unteren linken Ecke klicken. Die Sprache oben in Ihrer Liste ist Ihre Standardsprache. Durch Hinzufügen zusätzlicher Sprachen können Sie jedoch Eingabeoptionen für die Tastatur einrichten, sodass Sie bei Bedarf schnell zwischen den Sprachen wechseln können.

DOWNLOADS

Hier können Sie die Art und Weise ändern, wie Ihr Chromebook Downloads verarbeitet. Die vielleicht nützlichste Funktion hier ist die Möglichkeit, die Standard-Download-Position in eine Position zu ändern, auf die leichter zugegriffen werden kann als im Ordner zum Herunterladen. Wenn Sie möchten, können Sie Chrome auch mitteilen, dass Sie immer gefragt werden wollen, wo Sie Downloads speichern möchten. Sie können Google Drive auch hier deaktivieren, wir empfehlen jedoch dies nicht zu tun.

Downloads

Download location: Downloads   Change...

☐ Ask where to save each file before downloading

☐ Disable Google Drive on this device

HTTPS/SSL ZERTIFIKATE

In diesem Bereich Ihrer Einstellungen können Sie auf Ihrem Computer gespeicherte Sicherheitszertifikate anzeigen und verwalten. Der durchschnittliche Benutzer hat nicht viele Gründe, hier Änderungen vorzunehmen, aber es ist gut zu wissen, dass die Option vorhanden ist, sollten Sie jemals aufgefordert werden, ein Zertifikat zu installieren oder zu deinstallieren.

GOOGLE CLOUD DRUCK

Google Cloud Print ist der Druckdienst von Google. Benutzer können einen Druckauftrag über das Internet an ihren Drucker senden, anstatt die herkömmlichen Methoden für drahtgebundene oder drahtlose Druckerverbindungen zu verwenden. Um es zu verwenden, müssen Sie Ihren Drucker mit Ihrem Google Cloud Print-Konto verbinden. Anweisungen und weitere Informationen hierzu finden Sie, indem Sie unter der Überschrift Google Cloud Print auf Weitere Informationen klicken.

STARTUP

Die Überschrift Start teilt Chrome mit, was beim ersten Öffnen von Startup zu tun ist. Sie können mit

einer neuen Registerkarte anfangen oder die Seiten
öffnen, die Sie bei Ihrer letzten Anwendung genutzt
hatten (Standardoption). Sie können auch eine Seite
oder eine Gruppe von Seiten festlegen, die Sie öffnen
möchten. Dies bietet eine großartige Möglichkeit, Ihre
E-Mails, Facebook, die Nachrichten oder Ihr Lieblings-
blog zu öffnen, ohne etwas anderes tun zu müssen, als
lediglich Google Chrome zu starten.

On startup

    ◯   Open the New Tab page

    ◉   Continue where you left off

    ◯   Open a specific page or set of pages. Set pages

ZUGÄNGLICHKEIT

Die Überschrift "Barrierefreiheit" enthält eine
Reihe von Funktionen, mit denen das Chromebook für
Personen mit Sehbehinderung oder bestimmten moto-
rischen Behinderungen zugänglicher gemacht werden
kann. Wählen Sie so viele aus, wie Sie möchten, um Ihr
Chromebook für Sie angenehmer zu gestalten.
Es gibt auch eine zusätzliche Sammlung von
Barrierefreiheits-Apps und -Erweiterungen im Web
Store. Klicken Sie zum Anzeigen dieser auf Zusätzliche
Eingabehilfen hinzufügen.

POWERWASH UND ZURÜCKSETZEN

Die Optionen für Powerwash und das Zurücksetzen befinden sich ganz unten im Bildschirm mit den erweiterten Einstellungen. Powerwash ist der Panikknopf. Durch diesen extremen Schritt wird alles auf Ihrem Chromebook vollständig gelöscht und auf die Werkseinstellungen zurückgesetzt. Es kann als absolut letzte Fehlerbehebungsmaßnahme verwendet werden, aber denken Sie daran, dass die Konsequenz dauerhaft bleibt - es gibt keine Wiederherstellungsmöglichkeit nach einem Powerwash (obwohl Sie natürlich alles, was Sie über Google gekauft haben, erneut herunterladen können, fast alles auf Chromebook ist eine Web-App. Sie verlieren keine Ihrer im Google Drive gespeicherten Dateien. Powerwash ist auch dann das Richtige, wenn Sie Ihr Chromebook verkaufen oder verschenken wollen.

Ein weniger drastischer Ansatz ist die Schaltfläche Zurücksetzen. Dadurch wird Ihr Gerät nicht gelöscht, es werden jedoch alle Systemeinstellungen auf ihre ursprünglichen Standardeinstellungen zurückgesetzt. Wenn Sie mit Ihrer Konfiguration herumgespielt haben und entschieden haben, dass Sie das Original bevorzugen, klicken Sie einfach auf "Zurücksetzen", um zum Anfangspunkt zurückzukehren, ohne Ihre Apps oder Daten zu verlieren.

ÜBERWACHTE ACCOUNTS

Wenn Sie Kinder in Ihrem Haus haben, möchten Sie möglicherweise überwachte Konten für sie einrichten. Auf diese Weise können sie Ihr Chromebook verwenden, jedoch mit einigen Einschränkungen, die dafür sorgen, dass sie sicher sind und nur

Altersgerechte Inhalte sehen. Sie können Webseiten und Inhalte für beaufsichtigte Benutzer einschränken und sich jederzeit bei chrome.com/manage anmelden, um das Konto zu überwachen.

Um einen überwachten Benutzer hinzuzufügen, klicken Sie im Anmeldebildschirm auf Benutzer hinzufügen. Ein Anmeldefeld wird angezeigt. Klicken Sie rechts im Feld auf einen überwachten Benutzer erstellen (blau), um zu beginnen.

Als Nächstes benennen Sie das Konto und legen Sie ein Kennwort und ein Profilbild fest. Überwachte Nutzer sind keine Nutzer Ihres Google Accounts, daher muss kein spezifischer Benutzername eingerichtet werden. Sie können auch ein Passwort festlegen, das leicht zu merken ist, da es sich um ein lokales Konto anstelle eines Online-Kontos handelt.

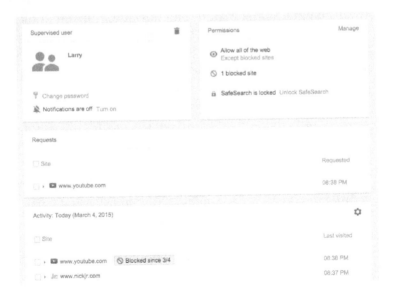

Unter chrome.com/manage können Sie das Kennwort des überwachten Benutzers ändern, eingeschränkte Websites festlegen und die Anforderungen zum Entsperren von Webseiten für den Benutzer bearbeiten (siehe oben).

TROUBLESHOOTING UND DAS CHROMEBOOK RICHTIG IN STAND HALTEN

Eines der besten Dinge am Chromebook ist seine Einfachheit - im Gegensatz zu komplexeren Betriebssystemsoftwareoptionen wie Windows oder Mac OSX kann wirklich sehr wenig schief gehen. Manchmal können und müssen jedoch Dinge passieren, deswegen werden wir Sie hier durch einige schnelle und einfache Methoden zur Fehlerbehebung führen.

Prüfen Sie Ihre Batterie

Auch bekannt als der „Steckt es am Strom?" Schritt, dies ist häufig bei Problemen mit dem Chromebook verantwortlich. Stellen Sie sicher, dass Ihr Ladegerät angeschlossen und angestellt ist, bevor Sie sich Sorgen darum machen, dass Ihr Chromebook leblos aussieht.

Neustart

Im Zweifelsfall neu starten. Dies ist oft alles, was Sie brauchen, um gefrorene Systeme oder andere irritierende Probleme zu beheben. Dank der konstanten Hintergrundspeicherprozesse der meisten Chrome-Apps müssen Sie sich dabei selten Sorgen machen, Ihre Arbeit zu verlieren.

Wenn Sie Probleme mit einer App haben, können Sie immer versuchen, sie zu schließen und erneut zu öffnen. Wenn dies nicht funktioniert, können Sie versuchen, sie von Ihrem Gerät zu entfernen und es dann erneut aus dem Web Store herunterzuladen.

Hilfe bekommen und Technische Unterstützung anfordern

Wenn Sie ein Chromebook-Problem haben, versuchen Sie es mit der Get Help-App. Diese bietet Ihnen eine durchsuchbare Tour durch die Funktionen Ihres Chromebooks und hat möglicherweise die Antwort, die Sie benötigen. Wenn dies nicht funktioniert, können Sie die Google-Nutzer unter https://support.google.com chromebook-central fragen. Hier finden Sie häufig gestellte Fragen, Benutzerforen, in denen Sie nach anderen Personen mit Ihrem Problem suchen (oder selbst Lösungsansätze veröffentlichen können) und vieles mehr. Sie werden feststellen, dass Google-Nutzer ziemlich gut informiert sind, und die Foren eine hervorragende Ressource bieten, falls Sie auf Probleme stoßen.

Um offiziellen Support für Ihr Chromebook zu erhalten, können Sie entweder einen Anruf anfordern oder eine Chat-Sitzung mit einem Google-Techniker starten. Besuchen Sie dazu support.google.com/Chromebook und klicken Sie oben rechts auf Kontakt.

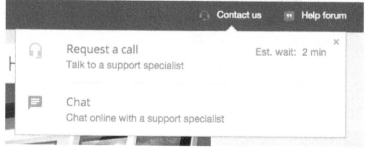

Ein Update Für Ihr Chromebook
Chromebook hält sich größtenteils auf dem neuesten Stand. Sie müssen also nur sicherstellen, dass es regelmäßig online ist und verwendet wird. Chrome kümmert sich um den Rest! Wenn Sie jemals sehen möchten, welche Version von Chrome Sie gerade ausführen, können Sie dies tun, indem Sie die Chrome-Einstellungen aufrufen. Klicken Sie dann oben auf About für Chrome OS. Dadurch werden der Aktualisierungsstatus Ihres Geräts sowie dessen aktuelle Version angezeigt.

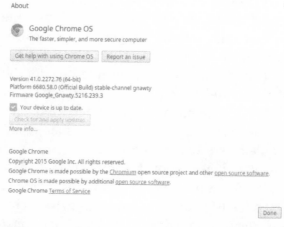

Es ist eine gute Idee, regelmäßig zu überprüfen, ob sich Ihr System selbst aktualisiert. Möglicherweise müssen Sie gelegentlich auf nach Updates suchen klicken und diese anwenden, um manuell eine Update-Prüfung durchzuführen. Manchmal erfordern neue Updates einen Neustart des Systems. Glücklicherweise werden die meisten Chromebooks innerhalb von Sekunden neu gestartet!

APPENDIX A:
SPEZIFIKATIONEN

Spezifikation	Pixel-book	Surface Laptop	MacBook
Betriebssystem	Chrome OS	Windows 10 S	macOS High Sierra
Bildschirm	12.3 Zoll	13.5 Zoll	12 Zoll
Auflösung	2400 x 1600	2256 x 1504	2304 x 1440
Prozessor (Basis)	Intel Core i5 (siebte Gen.)	Intel Core i5 (siebte Gen.)	Intel Core m3 (1.2GHz, Dualcore, siebte Gen.)

Proyessor (max)	Intel Core i7 (siebte Gen.)	Intel Core i7 (siebte Gen.)	Intel Core i7 (1.4GHz, dual-core, siebte Gen.)
RAM (Basis)	8GB	4GB	8GB
RAM(max)	16GB	16GB	16GB
Eingänge	USB-C, 3.5mm Kopfhörer Eingang	USB 3.0, 3.5mm Kopfhörer Eingang, Minidisplay eingang	USB-C, 3.5mm Kopfhörer Eingang
Speicherplatz	128GB, 256GB, 512GB	128GB, 256GB, 512GB, 1TB	256GB, 512GB
Gewicht	2.4 Pfund	2.76 Pfund	2.03 Pfund
Startpreis	$999	$999	$1,299

APPENDIX B: SHORTCUT TASTEN

Beliebte Shortcuts

- Den Google Assistant öffnen: Drücken Sie auf

- Durchsuchen Sie Ihr Gerät, Apps, das Web und vieles mehr: Drücken Sie

- Öffnen Sie den Statusbereich (in dem Ihr Kontobild angezeigt wird): Drücken Sie

- Machen Sie einen Screenshot: Drücken Sie Strg +

- Machen Sie einen Teil-Screenshot: Drücken Sie
  Strg + Shift + [▭▯] , Klicken und ziehen Sie
  dann

- Feststelltaste ein- oder ausschalten: Drücken
  Sie Alt + Search

- Sperren Sie Ihren Bildschirm: Drücken Sie Search + L

- Melden Sie sich von Ihrem Google-Konto ab:
  Drücken Sie Strg + Shift + q (zweimal)

Alle anderen Shortcuts

Hinweis: Wenn Sie eine Windows- oder Mac-Tastatur
verwenden, verwenden Sie anstelle der Suchtaste die
Windows- oder Befehlstaste.

Tabs und Windows

Öffnen Sie ein neues Fenster	Strg + n
Öffnen Sie ein neues Fenster im inkognito Modus	Strg + Shift + n

Öffnen Sie einen neuen Tab	Strg + t
Öffnen Sie eine Datei in Ihrem Browser	Strg + o
Schließen Sie den aktuellen Tab	Strg + w
Schließen Sie das aktuelle Fenster	Strg + Shift + w
Öffnen Sie den letzten Tab oder das Fenster, dass Sie geschlossen haben	Strg + Shift + t
Gehen Sie auf die Tabs 1-8	Strg + 1 bis Strg + 8
Gehen Sie zum letzten Tab in dem Fenster	Strg + 9

Gehen Sie zum letzten Tab in dem Fenster	Strg + Tab
Gehen Sie auf den vorherigen Tab in dem Fenster	Strg + Shift + Tab
Wechseln Sie schnell zwischen den Fenstern	Halten Sie die Alt-Taste gedrückt, tippen Sie auf die Tabulatortaste, bis Sie zu dem Fenster gelangen, das Sie öffnen möchten, und lassen Sie dann los.
Öffnen Sie das Fenster, das Sie am wenigsten benutzt haben	Halten Sie Alt + Umschalt gedrückt, tippen Sie auf die Tabulatortaste, bis Sie zu dem Fenster gelangen, das Sie öffnen möchten, und lassen Sie dann los.
Gehen Sie zur vorherigen Seite in Ihrem Browserverlauf	Alt + links Pfeil

Gehen Sie zur nächsten Seite in Ihrem Browserverlauf	Alt + rechts Pfeil
Öffnen Sie den Link in einer neuen Registerkarte im Hintergrund	Drücken Sie Strg und klicken Sie auf einen Link
Öffnen Sie den Link in einer neuen Registerkarte und wechseln Sie zur neuen Registerkarte	Drücken Sie Strg + Shift und klicken Sie auf den Link
Öffnen Sie den Link in einem neuen Fenster	Drücken Sie Shift und klicken Sie auf den Link
Öffnen Sie den Link in einem Tab	Ziehen Sie den Link über den Tab-Adressenbalken
Öffnen Sie den Link in einem Tab	Ziehen Sie den Link in einen leeren Bereich auf der Registerkarte

Öffnen Sie die Webseite in einem neuen Tab	Geben Sie eine Webadresse (URL) in die Adressleiste ein und drücken Sie Alt + Eingabetaste
Bringen Sie die Registerkarte wieder in ihre ursprüngliche Position	Drücken Sie beim Ziehen der Registerkarte die Esc-Taste
Docken Sie ein Fenster auf der linken Seite	Alt + [
Docken Sie ein Fenster auf der rechten Seite	Alt +]

Seite & Web Browser

Seite hoch	Alt oder Suche und Aufwärtspfeil
Seite runter	Alt oder Suche und Abwärtspfeil

Scrollen Sie auf der Webpage nach unten	Leertaste
Gehen Sie zum Seitenanfang	Strg + Alt und Aufwärtspfeil
Gehen Sie zum Seitenende	Strg + Alt und Abwärtspfeil
Drucken Sie die aufgerufene Seite	Strg + p
Speichern Sie die aufgerufene Seite	Strg + s
Laden Sie die aufgerufene Seite neu	Strg + r
Laden Sie Ihren derzeitigen Seiteninhalt ohne Inhalte aus Caches zu benutzen	Strg + Shift + r
Zoomen Sie auf der Seite heran	Strg und +

Zoomen Sie auf der Seite raus	Strg und -
Zoom Level zurücksetzen	Strg + 0
Stoppen Sie das Laden Ihrer aktuellen Seite	Esc
Klicken Sie mit der rechten Maustaste auf einen Link	Drücken Sie auf Alt und klicken Sie auf einen Link
Öffnen Sie den Link in einer neuen Registerkarte im Hintergrund	Drücken Sie Strg und klicken Sie auf einen Link
Speichern Sie den Link als Lesezeichen	Ziehen Sie den Link zur Lesezeichen- leiste
Speichern Sie Ihre aktuelle Webseite als Lesezeichen	Strg + d
Speichern Sie alle geöffneten Seiten in Ihrem aktuellen Fenster als Lesezeichen in einem neuen Ordner	Strg + Shift + d

Durchsuchen Sie die aktuelle Seite	Strg + f
Gehen Sie zum nächsten Spiel für Ihre Suche	Strg + g oder Eingabe
Gehen Sie für Ihre Suche zum vorherigen Ergebnis	Strg + Shift + g oder Shift + Eingabe
Führen Sie eine Google-Suche durch	▨ or Strg + k oder Strg + e
Fügen Sie www hinzu. und .com zu Ihrer Eingabe in der Adressleiste, dann öffnen Sie die Seite	Strg + Eingabe
Seitenquelle anzeigen	Strg + u
Ein- oder Ausblenden des Fensters "Entwicklertools"	Strg + Shift + i
Ein- oder Ausblenden des DOM-Inspektors	Strg + Shift + j

Ein- oder Ausblenden der Lesezeichenleiste	Strg + Shift + b
Öffnen Sie den Seitenverlauf	Strg + h
Öffnen Sie die Download-Seite	Strg + j

System & Bildschirm Einstellungen

Öffnen Sie die Datei-App	Alt + Shift + m
Vorschau einer Datei in der Datei-App	Wählen Sie die Datei aus und drücken Sie die Leertaste
Zeigen Sie versteckte Dateien in der Datei-App an	Strg + .
Öffnen Sie den Statusbereich (in dem Ihr Kontobild angezeigt wird).	☰ oder Shift + Alt + s

Klicken Sie in Ihrem Shelf auf die Symbole 1-8	Alt + 1 bis Alt + 8
Klicken Sie auf das letzte Symbol in Ihrem Shelf	Alt + 9
Verwenden Sie die F-Tasten (F1 bis F12).	Suche + 1 durch Suche + =
Sehen Sie Ihre Benachrichtigungen	Alt + Shift + n
Ändern Sie die Bildschirmauflösung	Strg + Shift und + oder -
Setzen Sie die Bildschirmauflösung auf Standard zurück	Strg + Shift + 0
Drehen Sie den Bildschirm um 90 Grad	Strg + Shift + ↻
Wechseln Sie zum nächsten Benutzer	Strg + Alt + .

Wechseln Sie zum vorherigen Benutzer	Strg + Alt + ,

Text Bearbeitung

Schalten Sie die Feststelltaste ein oder aus	Alt + Suche
Wählen Sie alles auf der Seite aus	Strg + a
Wählen Sie den Inhalt in der Adressleiste aus	Strg + L oder Alt + d
Wählen Sie das nächste Wort oder den nächsten Buchstaben	Strg + Shift und Rechtspfeil
Wählen Sie Text am Ende der Zeile aus	Shift + Suche und Rechtspfeil
Wählen Sie Text am Zeilenanfang aus	Shift + Suche und Linkspfeil

Wählen Sie das vorherige Wort oder den vorherigen Buchstaben aus	Strg + Shift und Linkspfeil
Gehen Sie zum Ende des nächsten Wortes	Strg und Rechtspfeil
Gehen Sie zum Anfang des vorherigen Wortes	Strg und Linkspfeil
Zum Ende des Dokuments gehen	Strg + Suche und Rechtspfeil
Zum Anfang des Dokuments gehen	Strg + Suche und Linkspfeil
Kopieren Sie den ausgewählten Inhalt in die Zwischenablage	Strg + c
Fügen Sie Inhalte aus der Zwischenablage ein	Strg + v
Fügen Sie Inhalte aus der Zwischenablage als einfachen Text ein	Strg + Shift + v

Ausschneiden	Strg + x
Löschen Sie das vorherige Wort	Strg + Rück- wärtstaste
Löschen Sie den nächsten Buchsta- ben (vorwärts, löschen)	Alt + Rück- wärtstaste
Machen Sie Ihre letzte Aktion rück- gängig	Strg + z
Wiederholen Sie Ihre letzte Aktion	Strg + Shift + z
Wechseln Sie zwischen den von Ihnen eingestellten Tastaturspra- chen. Erfahren Sie, wie Sie Ihre Tastatursprache auswählen kön- nen.	Strg + Shift + Leertaste
Wechseln Sie zur vorherigen Tasta- tursprache, die Sie verwendet ha- ben. Erfahren Sie, wie Sie Ihre Tastatursprache auswählen kön- nen.	Strg + Leertaste

Gedimmte Tastatur (nur für Tastaturen mit Hintergrundbeleuchtung)	Alt + ☼
Machen Sie die Tastatur heller (nur für Tastaturen mit Hintergrundbeleuchtung)	Alt + ☼

Zugänglichkeit

Erfahren Sie, wie Sie Ihr Pixelbook zugänglich machen.

Schalten Sie ChromeVox (gesprochenes Feedback) ein oder aus	Strg + Alt + z
Aktivieren Sie den kontrastreichen Modus	Strg + Suche + h
Markieren Sie die Startschaltfläche in Ihrem Regal	Shift + Alt + L
Markieren Sie den nächsten Artikel in Ihrem Shelf	Shift + Alt + L, dann Tab oder Rechtspfeil

Markieren Sie den vorherigen Artikel in Ihrem Shelf	Shift + Alt + L, dann Shift + Tab oder Linkspfeil
Öffnen Sie die hervorgehobene Schaltfläche in Ihrem Regal	Shift + Alt + L, dann die Leertaste oder Eingabetaste
Entfernen Sie die Markierung von einer Schaltfläche in Ihrem Regal	Shift + Alt + L, dann Esc
Wechseln Sie den Fokus zwischen: • Statusbereich (in dem Ihr Kontobild angezeigt wird) • Startprogramm • Adressleiste • Lesezeichenleiste (falls sichtbar) • Die Webseite, die geöffnet ist • Download-Leiste (falls sichtbar)	Strg + [←]

Markieren Sie die Lesezeichenleiste (falls angezeigt).	Alt + Shift + b
Markieren Sie die Zeile mit der Adressleiste	Shift + Alt + t
Öffnen Sie das Kontextmenü für das hervorgehobene Element	Shift + [⬚]

CPSIA information can be obtained
at www.ICGtesting.com
Printed in the USA
BVHW081536211021
619555BV00007B/227